Le vif du sujet

nouveau cours monolingue de français

Kim Eyre

Bell & Hyman

Published by
BELL & HYMAN
An imprint of Unwin Hyman Limited
Denmark House
37–39 Queen Elizabeth Street
London SE1 2QB

First published in 1982 by University Tutorial Press Limited
Reprinted 1983, 1985
Reprinted by Bell & Hyman 1987

ISBN 0 7135 2809 5

Printed in Great Britain by
Bell and Bain Ltd, Glasgow

Table des matières

Preface

For a number of years teachers and students of French alike have spoken of the difficulties involved in the transition from the fairly straightforward requirements of pre-O level story-writing to the more rigorous demands of post-O level language essay work. This book sets out to bridge that gap and to develop advanced language studies within the framework of a monolingual course designed for A level students, 1st year university undergraduates, polytechnics, schools operating the international baccalauréat scheme and any other establishments and institutes providing advanced linguistic training in French.

Le vif du sujet is constructed on the premise that advanced language studies should be undertaken as far as possible in the foreign language and should come primarily from texts written in the foreign language. It is designed for classes, but this does not exclude its usefulness as an individual teaching and revision course if certain group-work activities are adapted to suit individual projects, and debates treated as exercises on tape.

The book is carefully graded and provides continual revision and reinforcement of points and ideas in new contexts, departing from *le connu* and moving gradually towards *l'inconnu*: this is the underlying structure of the course. It sets out to teach post-O level students how to develop, consolidate and apply new linguistic structures and concepts through the medium of French; it has taken the traditional grammatical framework of post-O level French and contextualised it and tested it within the contexts. It takes real, and not modified, examples of modern French and uses them as the springboard for linguistic and conceptual work, with accompanying stress on material relevant to modern-day France, which any language course should contain. Indeed, it is wrong that anyone could emerge from a school, or any other kind of educational establishment, having specialised in languages, without knowing anything about the country where the language is spoken or the people who speak it.

The structure of the course is a series of ten units, each revolving around a topic of interest and relevance to the modern world and generally with specific reference to France. Each chapter is headed by an article carefully chosen for its linguistic and conceptual content, for its length and centrality to the theme under study, and for its usefulness in training in stylistic techniques and in providing contexts that will not fall foul of the fast passage of time. The chapters then follow the three-phase method of language development, namely:

(1) the gathering of material and of language forms peculiar to the passage;
(2) the sorting and application of language and of grammatical structures;
(3) the assimilation of ideas and structures leading to the final 'dissertation'.

The types of exercise and activity used are aimed at training the student in the whole range of linguistic skills – comprehension, oral application, two-way translation, written creation – and the entire post-O level ability range is catered for. This means that a certain number of exercises are more difficult in order to stretch the most able student. Teachers and students can use all the material provided or be selective: indeed, they should feel free to treat the book as a source of many different kinds of exercise and activity from which they can choose according to time available and lesson structures, for the process and development of training constitute *le véritable noyau*.

In *Le vif du sujet* all lexical and grammatical exploitation stems directly from the pure language texts and aims to give a comprehensive training in as many stylistic devices as possible. There is a grammar summary at the back of the book containing some English equivalents in order to facilitate future revision. It is to be hoped that students will keep a folder in which they place their answers to the various exercises and the results of their project work, for one of the aims of the author is to give students the opportunity to compile their own vocabulary and grammar notes for future reference. The grammar summary is preceded by a list of contents for easy consultation and some French grammatical terminology; it is followed by a brief bibliography to aid project work on modern France and further grammatical and lexical research – access to a good dictionary is assumed possible for a number of exercises. Students and teachers will hopefully supplement the material with articles and extracts from literary texts that they have discovered themselves, for the healthy use of any course is dependent on the enlightened and adventurous nature of both teacher and student.

The grammatical scope of the book covers the requirements of any A level course, there being an emphasis on verb forms and tenses, particularly with respect to the use of the subjunctive (present and perfect) – the imperfect and pluperfect forms of the same appear in the grammar summary with an accompanying explanation of usage and formation. The major ten French articles also contain between them a selection of some fifty-three irregular verbs, all vital to A level language work, and which are contained in the verb table at the beginning of the grammar summary.

At the end of each chapter, and directly preceding the *débat* and *dissertation*, are a *version* and a *thème*. Each *version* is an extract from a different news article, and in one case from a piece of French literature, on the theme of the chapter and thus provides a new aspect or an alternative point of view to be considered before producing the debate and essay; usually it can also be used as an aural comprehension before it is set as a translation into English. The *thème* is a carefully constructed passage designed to test the grammar and lexis gleaned from the chapter and vocabulary of general use, and is again in keeping with the theme of the unit. Both exercises are grammatically and lexically geared towards the chapter in question.

Le vif du sujet would see its purpose fulfilled if it has helped to produce sound grammatical and lexical training, a love for the language in its pure form, an interest in 'civilisation' and topics of a broader, ethical nature and last, but decidedly not least, sheer enjoyment in the development of one's understanding and mastery of spoken and written French.

Every writer has his or her mentors, and I am no exception. Apart from the fine linguistic training I received as a pupil and student, I would like to pay tribute to the inspiration for much of this work that I have received directly from Sonia Rouve at King's College Faculty of Education, London, and indirectly from the work undertaken by Ralph Gaskell at Whitelands College of the Roehampton Institute – work which has been discussed and communicated to other linguists through the meetings of the British Association for Language Teaching.

My special thanks go happily to Tony Evans, my good friend and Head of Department at Dulwich College, whose own linguistic excellence and enthusiasm have stimulated my own teaching, and to all my colleagues in the Languages Department for their good-humoured and lively company as highly skilful language teachers. I would also like to thank Simon Boyd, Josephine Warrior and everyone at University Tutorial Press for the work that they have put into the editing and illustrating of the book and for their help and encouragement during its production. Finally – but a debt of deep gratitude that must come first – my sincere thanks go to my family for their patient and understanding support of the work involved in writing *Le vif du sujet*: without that support this book would not have been possible.

Kim Eyre
Dulwich, 1981

1 Le petit

FR 3:
Il était une fois

L'aventure humaine

Il était une fois ... l'Homme. Un conte de fées? Non. Une histoire, celle de l'Histoire, et l'un des grands succès de la télévision pour les jeunes? Un succès qui fait réellement plaisir, car il est mérité. Voilà de la belle ouvrage.

Raconter l'histoire de l'homme en dessins animés, dans une série de vingt-six demi-heures divisibles chacune en six séquences de cinq minutes (chaque soir sur FR 3 à 19 h 55 et le samedi rediffusion de la semaine complète), cela représente dix longs métrages d'animation. Et aussi un travail préparatoire de dix heures par semaine pendant dix années!

Albert Barillé, tout à la fois auteur, adaptateur et réalisateur, ne se prend pourtant pas pour Dieu le Père. Et si cette somme ne lui a même pas donné l'allure d'un patriarche, il se montre simplement heureux et satisfait.

«J'ai assez bien atteint mon but, admet-il, **démontrer qu'on peut faire de la télévision autre chose qu'un passe-temps gratuit et qu'il est possible à la fois de distraire tout en apportant un enseignement.»**

Bien sûr l'histoire passionne Albert Barillé. «**Je ne voulais pas faire une série cocorico, mais un hymne à la fraternité, à l'homme. Une histoire universelle. Et cela sous un angle un peu humaniste.»**

C'est pourquoi il a dénoncé l'ostracisme et n'a pas privi-

en dessins animés

légié les grands personnages.

Cette fresque très structurée n'est absolument pas fantaisiste, quoique traitée en dessins animés et abondant en gags. Résultat: elle est déjà vendue dans toute l'Europe, au Canada, et commandée par bon nombre d'écoles.

Pourquoi Albert Barillé s'est-il attaqué à une œuvre de si longue haleine? Sans doute par intérêt et par besoin de transmettre quelque chose.

«Je n'ai pas le désir de faire des choses gentilles, je veux que ce soit signifiant. En fin de compte, c'est quoi écrire, réaliser, produire? C'est vouloir communiquer.»

A travers les sept personnages très significatifs, qui traversent les temps et restent eux-mêmes tout en changeant d'époque, Albert Barillé s'adresse à tous et en priorité aux enfants. Les scolaires trouvent là un prolongement de la classe.

«Il ne faut pas bêtifier avec un enfant, il faut dire les choses avec les mots justes et lui apprendre ce qu'ils signifient.»

La série ne se termine pas sur une note optimiste: l'avenir. **«C'est une démission absolue,** précise l'auteur, **que de présenter aux jeunes un monde rose bonbon. Il faut les sensibiliser à ce que seront les grands problèmes de demain. Je ne fais plaisir à personne. Simplement j'ai confiance dans la compréhension des enfants.»**

Anik Marti *(Le Figaro)*

1 Rassemblement

(A) *Répondez aux questions suivantes*:

(1) Où trouve-t-on généralement l'expression «il était une fois . . .»?
(2) Est-ce qu'il s'agit dans cette série d'un livre de fiction télévisé?
(3) Selon l'article, pourquoi est-ce que la série sera certainement une grande réussite?
(4) Quand est-ce qu'on peut voir *Il était une fois* à la télévision?
(5) De quelle façon a-t-on décidé de diviser la série?
(6) Il a fallu combien de temps pour la préparer?
(7) En quoi est-ce qu'on peut dire que l'auteur ressemble un peu à Dieu le Père?
(8) Est-ce que M. Barillé veut que la télévision soit simplement un amusement gratuit?
(9) Est-il lui-même historien?
(10) Comment est-ce qu'il décrit sa création?
(11) Est-ce que M. Barillé représente un point de vue religieux?
(12) Les émissions seront-elles dominées par les grands personnages de l'Histoire?
(13) Est-ce que la réaction des écoles françaises a été jusqu'ici négative?
(14) Comment est-ce que M. Barillé envisage l'acte d'écrire ou de réaliser quelque chose?
(15) Quel rôle les sept personnages centraux de la série ont-ils à jouer?
(16) Est-ce que M. Barillé entend traiter les enfants comme s'ils étaient stupides?
(17) Pourquoi l'auteur ne veut-il pas présenter aux jeunes une image optimiste de l'avenir?
(18) Que veut dire «un monde rose bonbon»?
(19) Quelle est l'attitude générale de M. Barillé envers les enfants?
(20) Connaissez-vous un livre qui traite du même sujet que cette série? En quoi la manière d'exploiter le sujet est-elle pareille ou différente?

(B) *Copiez et complétez le résumé de l'article:*

Sujet de la série:
Manière de la présenter:

Son créateur – son état d'esprit:
– ses idées sur la télé:
– sa conception de la série:
– sa philosophie:
Structure de la série:
Raisons de sa popularité prévue:
Les personnages:
Raisons pour lesquelles M. Barillé a entrepris cette tâche énorme:
Les idées d'Albert Barillé sur l'avenir:
Son attitude envers les enfants:
Ton et style du passage: formel? familier? philosophique? sardonique?

(C) *Copiez et étudiez les mots-clés et formules du passage:*

raconter l'histoire de l'homme en dessins animés
démontrer qu'on peut faire de la télévision autre chose qu'un passe-temps gratuit
une histoire universelle – très structurée
vouloir communiquer – un prolongement de la classe
confiance dans la compréhension des enfants

(D) *Copiez et complétez les phrases suivantes:*

(1) Une histoire, – de l'Histoire, et – des grands succès de la télévision pour les jeunes?
(2) «J'ai assez bien – mon but, admet-il, démontrer qu'on peut faire – la télévision autre chose qu'un – gratuit . . .»
(3) Pourquoi Albert Barillé s'est-il attaqué – une œuvre – si longue haleine? Sans doute – intérêt et – besoin – transmettre quelque chose.
(4) «Je n'ai pas le désir – faire des choses gentilles, je veux que ce – signifiant.»
(5) «Il faut les sensibiliser – ce que – les grands problèmes de demain. Je ne fais plaisir – personne. Simplement j'ai confiance – la compréhension des enfants.»

(E) *Selon l'article, les phrases suivantes sont-elles vraies ou fausses?*

(1) La série *Il était une fois* n'est pas destinée exclusivement aux enfants.
(2) M. Barillé a donné la première place dans sa série aux grands personnages de l'Histoire.
(3) Les émissions ne seront télévisées qu'en France.

(4) Le ton du dialogue de la série est surtout sérieux.
(5) En préparant *Il était une fois* M. Barillé a voulu démontrer la valeur culturelle potentielle de la télévision.

Maintenant divisez-vous en paires, inventez d'autres phrases vraies ou fausses relatives à l'article et échangez-les contre celles de la paire voisine, etc.

(F) *Trouvez et mémorisez les mots et expressions synonymes dans le passage:*

(1) **bien que** traitée en dessins animés
(2) il est possible **en même temps** de
(3) **bien entendu** l'histoire passionne Albert Barillé
(4) Pourquoi Albert Barillé **a-t-il attaqué** une œuvre . . .?
(5) Albert Barillé **parle à** tous
(6) **d'un point de vue** humaniste
(7) un passe-temps **qui ne coûte rien**

(G) *Cherchez les mots requis dans le passage afin de compléter les définitions suivantes:*

(1) Dans la Sainte Bible un chef de famille qui a vécu longtemps s'appelle un . . .
(2) La technique cinématographique qui donne l'impression du mouvement au moyen d'une projection rapide d'une suite d'images s'appelle l' . . .
(3) L'acte par lequel on renonce à quelque chose, par exemple à la responsabilité, est une . . .
(4) Un petit être imaginaire de forme féminine est une . . .
(5) La décision d'exclure quelqu'un ou de l'éloigner du pouvoir est l' . . .
(6) Dire des bêtises à quelqu'un, c'est . . . avec lui.
(7) Rendre sensible à quelque chose, c'est . . .

(H) *Etudiez les définitions et exemples suivants:*

un ouvrage – mot employé pour la création d'un ouvrier, d'un auteur, d'un peintre, etc.
ex. **un ouvrage de littérature**
(N.B. voilà **de la** belle ouvrage – voilà un ouvrage bien fait. *Expression familière*)

un réalisateur – mot employé pour quelqu'un qui dirige toutes les opérations de la préparation et de la mise en images d'un film ou d'une émission à la télé. C'est à peu près l'équivalent d'un metteur en scène au théâtre.
ex. **Alfred Hitchcock était un réalisateur célèbre.**

atteindre son but – expression qui veut dire «arriver au point qu'on s'était proposé».
ex. **En concluant la paix entre les deux pays ennemis le Ministre des Affaires étrangères a atteint son but.**

un enseignement – une leçon donnée par quelqu'un.
ex. **Jésus nous a donné beaucoup d'enseignements sur la vie chrétienne.**

une fresque – mot employé pour une vaste peinture murale.
ex. **Tout le monde a entendu parler des fresques romaines de Pompéi.**

en fin de compte – expression qui veut dire «après tout».
ex. **En fin de compte, pourra-t-on jamais éclaircir le mystère des objets volants non identifiés?**

de longue haleine – qui exige beaucoup de temps et d'efforts.
ex. **Combattre la pollution, c'est un travail de longue haleine.**

(I) *Relevez les verbes de création que vous trouvez dans le passage* (ex. *écrire*).

Classifiez sous les catégories suivantes le vocabulaire pertinent dans le passage: (1) les substantifs masculins
(2) les adverbes

Trouvez et identifiez les différents signes de ponctuation dans le passage.

(J) *Trouvez les expressions françaises dans le passage dont la traduction anglaise est écrite ci-dessous:*

(1) . . . each of which can be split up into six five-minute sequences . . .
(2) I didn't want to make a cock-a-hoop series . . .
(3) The series doesn't end on an optimistic note . . .

(K) *Interrogation*

A vous maintenant de poser des questions sur le passage à votre professeur. Après avoir épuisé celui-ci vous pouvez changer de victime et interroger les autres étudiants!

Cherchez les programmes des trois chaînes françaises dans un journal. Divisez-vous en groupes de trois personnes – un étudiant consulte les programmes et les deux autres doivent en découvrir le contenu en posant des questions à leur collègue.

2 Triage et application

(**A**) *Créez une phrase en utilisant les termes suivants:*

ex. télévision, culture, série, sensibiliser
➔ **La nouvelle série de M. Barillé démontre qu'on peut faire de la télévision un instrument qui sensibilise les enfants à la culture.**
(1) conte de fées, auteur, faire plaisir à, personnages
(2) scolaire, enseignement, télévision, optimiste
(3) homme, passe-temps, travail, passionner
(4) dessin animé, Histoire, transmettre, bêtifier

(Le choix des formes et des temps est à vous.)

(B) *Copiez et complétez le tableau ci-dessous*:

produire	production	producteur
adapter		
	transmission	
composer		
		émetteur
réaliser		
	représentation	
		directeur
attaquer		
	animation	
		rédacteur

Retrouvez dans le passage les adjectifs qui tirent leur origine de ces verbes:

signifier préparer structurer

animer satisfaire

(C) *Remplacez le mot ou l'expression* ***désigné*** *par un mot en marge*:

(1)	Il a attribué à ce mot une étymologie **qui était sans fondement réel.**	**abondant**
(2)	C'est notre professeur de lettres qui **accorde l'avantage aux** plus intelligents.	**préciser**
(3)	Il a **dit clairement** ses idées là-dessus.	**commander**
(4)	Il a **demandé formellement** une nouvelle calculatrice.	**fantaisiste**
(5)	C'est un pays **riche** en vin.	**privilégier**

(Les verbes en marge sont tous à l'infinitif: un changement de forme sera donc souvent nécessaire.)

(D) *Trouvez la définition correcte de chacun des mots en marge*:

(1)	la longueur d'un rouleau de film	**le prolongement**
(2)	une augmentation de longueur	**l'humanisme**
(3)	le sentiment humain d'appartenir à une grande famille	**la fraternité**
(4)	l'idée que l'homme et son développement sont le but de la vie	**le métrage**

(E) *Vers un dictionnaire en miniature . . .*

Choisissez d'autres mots, termes et expressions dans le passage et définissez-les. Comparez vos définitions avec celles d'un dictionnaire monolingue. Divisez-vous en petits groupes et essayez de définir quelques termes oralement et sans préparation.

---

quille n.f. Morceau de bois rond et long, que l'on s'exerce à renverser à l'aide d'une boule.

quillier n.m. Espace carré dans lequel on range les neuf quilles.

quinoléine n.f. Substance extraite du goudron de houille.

quinquagénaire *(kuin-koua)* adj. et n. Agé de cinquante ans.

quinquagésime *(kuin–*

(F) *Antonymes et synonymes*

(1) *Donnez le contraire des mots et expressions suivants*:

avoir confiance dans	faire plaisir à	un succès
divisible	bon nombre de	

(2) *Trouvez un synonyme aux termes suivants*:

universel	démontrer	distraire
une époque	réellement	

Maintenant choisissez d'autres termes et expressions dans le passage. Divisez-vous en paires; demandez à votre adversaire de vous donner l'antonyme et le synonyme à chaque terme que vous avez choisi, et réciproquement.

(G) *«Téléprojet»*

Cherchez toutes sortes d'informations sur la télévision en France (les recettes, la publicité, la censure, les sondages, les livres télévisés, les émissions étrangères, les débats, l'administration des trois chaînes, la soirée distractive, etc.). Chaque étudiant doit se concentrer sur un domaine; la classe pourra ainsi écrire une petite brochure sur la télévision en France.

(H) *Conjuguez dans l'ordre indiqué par les flèches*:

Présent ➜ passé composé ➜ plus-que-parfait ➜ imparfait ➜ passé simple ➜ futur ➜ conditionnel.
ex. **dire** les choses avec les mots justes (elle)
➜ **elle dit ... elle a dit ... elle avait dit ... elle disait** ... **elle dit** ... **elle dira** ... **elle dirait**.
(1) **atteindre** son but (il)
(2) **faire** des choses gentilles (vous)
(3) **se prendre** pour Dieu (je)
(4) **vouloir** communiquer (ils)
(5) **il faut** les sensibiliser aux problèmes

Choisissez le temps et la forme corrects:

(1) Molière quitta les provinces en 1658, retourna à Paris et ... l'apogée de sa carrière dix ans après. (atteindre)
(2) Quand elle était jeune elle ... sans cesse des choses gentilles. (faire)
(3) Si je t'obéissais toujours, tu ... pour Dieu. (se prendre)
(4) Pendant un demi-siècle ils ... communiquer. (vouloir)
(5) Désormais il ... les sensibiliser aux problèmes. (falloir)

	LUNDI 27 août	MARDI 28 août
TF 1	20.30 CINEMA LE MOUTON A CINQ PATTES d'Henri Verneuil avec Fernandel et Françoise Arnoul 22.15 REPORTAGE HISTOIRE D'UN LIVRE Première émission	20.30 SOIREES D'AILLEURS REPUBLIQUE FEDERALE D'ALLEMAGNE *LA MAISON SANS GARDIEN* *Téléfilm* de Willi Segler et Daniel Christoff *LE RHIN Document*
A 2	20.35 DRAMATIQUE MESSIEURS LES JURES *L'AFFAIRE COUBLANC* *avec* Jean–Pierre Castaldi et Alain Mottet	20.35 LES DOSSIERS DE L'ECRAN NAPOLEON II L'AIGLON de Claude Boissol avec Bernard Verley et Jean Marais DEBAT UN HERITIER GENANT
FR 3	20.30 OPERA SALOME de Richard Strauss avec Teresa Stratas Astrid Varnay Hans Beirer	20.30 SERIE LA PREMIERE LETTRE d'Armand Gatti *Sixième émission* 22.45 CINEMA DE MINUIT LA BATAILLE de Nicolas Farkas avec Charles Boyer, Annabella

(I) *Complétez les phrases suivantes*:

Modèle Q: Vous voulez boire ce jus d'orange?
R: Non, mais je veux que mon frère le **BOIVE.**

(1) Q: Vous voulez aller au musée d'art?
R: Non, mais je veux que mon frère y . . .

(2) Q: Vous voulez savoir les noms de toutes les capitales européennes?
R: Non, mais je veux que mon professeur les . . . !

(3) Q: Vous voulez payer la redevance?
R: Non, mais je veux que mes parents la . . .

(4) Q: Vous voulez être célèbre?
R: Non, mais je veux que mon école le . . .

(5) Q: Vous voulez avoir beaucoup d'argent?
R: Non, mais je veux que mon club de natation en . . .

(6) Q: Vous voulez finir ce puzzle?
R: Non, mais je veux que mes copains le . . .

(7) Q: Vous voulez attendre le proviseur?
R: Mais non! Je veux que les autres élèves l'. . .

(8) Q: Vous voulez dire la vérité au commissaire de police?
R: Non, mais je veux que mon collègue la lui . . .

(9) Q: Vous voulez voir nos diapos?
R: Non, mais je veux que mon pire ennemi les. . . !

(10) Q: Vous voulez devenir P.D.G. de cette compagnie?
R: Non, mais je veux que mon père le . . .

(J) *Suivant le modèle, récrivez les phrases ci-dessous*:

Modèle L'émission d'hier soir a amusé tout le monde, et en même temps elle a apporté un enseignement.

➔ **L'émission d'hier soir a amusé tout le monde tout en apportant un enseignement.**

(1) Hier soir elle a parlé avec son ami au téléphone, et en même temps elle a regardé la télévision.

(2) Ce matin mon père a pris le petit déjeuner, et en même temps il a parcouru un magazine.

(3) Avant-hier j'ai écouté la radio, et en même temps je me suis lavé les cheveux.

(4) Samedi dernier j'ai pu regarder le patinage à la télé, et en même temps j'ai fait du baby-sitting.

(5) Hier soir j'ai révisé ma grammaire française, et en même temps je me suis plaint de mon sort cruel.

(K) *Suivant le modèle, récrivez les phrases ci-dessous:*

Modèle L'idée de raconter l'Histoire de l'homme en dessins animés représente un travail préparatoire de dix ans.

➔ **Raconter l'Histoire de l'homme en dessins animés, cela représente un travail préparatoire de dix ans.**

(1) L'idée de louer un téléviseur me semble le comble du ridicule.
(2) L'idée de téléviser l'Histoire de l'homme passionne M. Barillé.
(3) L'idée de faire venir le médecin n'a pour lui aucun sens.
(4) L'idée de sécher dans un examen lui fait peur.
(5) L'idée de vouloir faire un hymne à la fraternité les fait rire.

(L) *Suivant le modèle, complétez les phrases suivantes:*

Modèle Q: La télévision est très populaire en France?
R: Oui, **les Français aiment bien la télévision.**

(1) Q: Les sabots sont très populaires aux Pays-Bas?
R: Oui,. . .
(2) Q: Les cacahuètes sont très populaires aux Etats-Unis?
R: Oui,. . .
(3) Q: Les fêtes sont très populaires en Espagne?
R: Oui,. . .
(4) Q: Le rugby est très populaire au pays de Galles?
R: Oui,. . .
(5) Q: Les changements de gouvernement sont populaires en Italie?
R: Oui,. . .

Maintenant appliquez le nouveau modèle aux phrases ci-dessous:

Modèle Q: Les Anglais aiment bien le thé?
R: Oui, **le thé est très populaire en Angleterre**.

(1) Q: Les Grecs aiment bien la danse?
R: Oui,. . .
(2) Q: Les Russes aiment bien la vodka?
R: Oui,. . .
(3) Q: Les Danois aiment bien le bacon?
R: Oui,. . .
(4) Q: Les Indiens aiment bien le curry?
R: Oui,. . .
(5) Q: Les Mexicains aiment bien la sieste?
R: Oui,. . .

(M) *Vous devez fournir les questions qui ont provoqué les réponses suivantes dans une interview avec Albert Barillé:*

ex. «Démontrer qu'on peut faire de la télévision autre chose qu'un passe-temps gratuit.»

➤ **«Quel était votre but en écrivant *Il était une fois?*»** (etc.)

(1) «Je voulais faire un hymne à la fraternité, à l'homme.»
(2) «Sous un angle un peu humaniste.»
(3) «Je veux que ce soit signifiant.»
(4) «C'est vouloir communiquer.»
(5) «Non, je crois qu'il faut les sensibiliser à ce que seront les grands problèmes de demain.»
(6) «Non, je m'adresse à tous.»
(7) «Oui, car j'ai beaucoup de confiance dans la compréhension des enfants.»

3 Assimilation

(A) *Résumé*

Résumez le texte en 10 phrases simples.
OU
Résumez le texte (500 mots) en 100 mots.

(B) *Expansion*

Traduisez les informations ci-dessous en quelques petites phrases:

FR3: les programmes du vendredi 2 février

19.55 Il était une fois... l'homme
Guillaume le Conquérant et son époque
Réalisation: Albert Barillé

Demain sur FR3

20.00 Il était une fois
rediffusion de la semaine complète.

(C) *Expansion orale*

En vous servant du schéma ci-dessus, jouez le rôle du speaker/de la speakerine de la chaîne FR3 et expliquez à vos chers téléspectateurs la structure et le thème de l'émission *Il était une fois* pour ce soir. Vous pouvez ajouter d'autres renseignements utiles.

(D) *Nouvelle situation*

Au bout de deux mois *Il était une fois* semble voué à l'échec. On voit maintenant que son succès initial était dû tout simplement à sa nouveauté. Anik Marti soumet M. Barillé à une deuxième interview. Ecrivez un dialogue assez court à la lumière de cette nouvelle situation.

(E) *Point de vue différent*

(1) Vous travaillez pour FR3 et vous êtes chargé de rendre visite à un C.E.S. parisien afin d'interviewer un groupe d'élèves en cinquième qui ont jusqu'ici suivi la série *Il était une fois.* Ecrivez ou enregistrez le dialogue qui se produit, dans lequel vous leur posez des questions sur le rôle de la télévision dans leur vie, les émissions qu'ils préfèrent, et leurs opinions sur la télévision en tant que moyen de culture.

OU

(2) Ecrivez une lettre d'appréciation à propos de la série *Il était une fois* à Albert Barillé, disant pourquoi la série vous plaît.

OU

(3) Ecrivez une lettre de plainte à Albert Barillé, disant pourquoi vous n'aimez pas la série.

(F) *Narration*

Vous avez passé dix ans à préparer une série télévisée dont la réussite est certaine. Décrivez ce que vous avez dû faire pour persuader FR3 de l'accepter.

(G) *La télévision et la culture*

(1) *Traduisez en anglais:*

La télévision bonne à tout faire

Je regardais cet été la télévision à San Francisco chez des amis. Par télé-commande, le choix des programmes permettait une sélection sur vingt-cinq canaux. «Voyez surtout comme l'image est merveilleuse!» me disait-on. C'est, en effet, le premier cadeau qu'apporte aux Américains l'abonnement au «câble»: une image de qualité qui n'est plus brouillée par l'environnement, et la multiplicité des programmes.

Jusqu'à présent la télévision était liée pour chacun de nous à la notion de «programmes imposés». Ceux-ci n'auront, dans l'avenir, qu'une importance secondaire. Ils subsisteront – en tant que programmes préconçus et diffusés par les organismes – mais nous leur substituerons des programmes *choisis*, grâce aux abonnements divers et à l'utilisation d'enregistrements personnels, en étant enfin maîtres du choix horaire.

Il va falloir aussi balayer très vite l'idée que nous nous faisons de notre récepteur TV, car il va servir et il sert déjà à des utilisations multiples qui n'ont qu'un rapport de moins en moins précis avec ce que nous appelons encore «la télévision». Le petit écran, à défaut de devenir grand (encore que les agrandisseurs d'images existent) sera le support visuel de quantité de services rendus par la nouvelle fée du logis qui se nomme l'Informatique.

André Brincourt: «Demain, la télévision bonne à tout faire»
(*Le Figaro*, septembre 1980)

(2) *Traduisez en français:*

Sitting in front of a small screen for hours on end seems to us the height of stupidity, but there are many who spend their lives doing just that.

Several television producers, who no doubt see themselves on a par with God, have recently spoken of the educative value of their machine and their creations. "Television," they say, "is not just a frivolous pastime: it teaches us something and entertains us at the same time, when we have nothing else to do."

This attitude seems to be accepted by the majority of television viewers, if we are to believe the opinion polls circulated in France, England, the United States, Canada, Denmark and other Western countries. Television producers want people to be dependent on television; they want them to be afraid of losing valuable viewing time by doing other 'less important' things; and on another level they want people to pay their television licences as well.

(H) *Débat*

La classe doit se diviser en deux pour discuter la proposition suivante:

«La culture du monde occidental est menacée par la télévision.»

(I) *Dissertation*

Servez-vous de toutes les idées et de tous les mots et termes que vous avez puisés dans cette section du livre et utilisez tous les matériaux que vous avez trouvés vous-même pour écrire la composition suivante:

«La télévision: malédiction ou bénédiction?» (300 à 350 mots)

Samedi, sur 100 téléspectateurs, 76 regardaient la télévision.

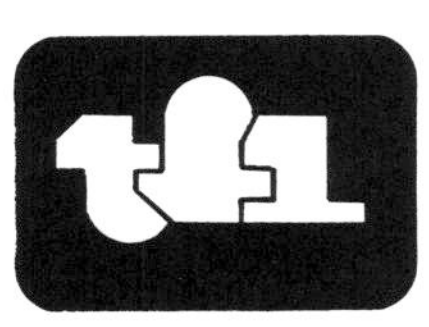

45% **ont regardé «Numéro Un» Julien Clerc**

(Indice de satisfaction, 12/20)

45% **ont regardé «Les héritiers»**

(Indice de satisfaction, 14/20)

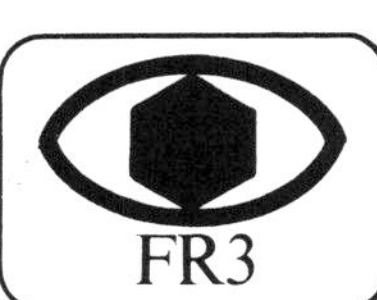

10% **ont regardé «La Tosca»**

(Indice de satisfaction, 16/20)

2 La loi

LA NOUVELLE JUNGLE DES VILLES

De notre envoyé spécial Alain-Marie Carron

Washington. – Selon les statistiques, la criminalité serait plutôt en baisse aux Etats-Unis. En revanche, les actes de violence gratuite, autant contre les personnes que contre les biens, semblent se multiplier. Des criminels d'occasion, dont beaucoup n'ont pas l'âge de la majorité pénale, se livrent, sans raison, à des agressions contre des inconnus. Trois faits divers récents, parmi d'autres, illustrent cette tendance inquiétante.

A New-York, Dick Button, champion olympique de patinage, a été admis à l'hôpital avec une fracture du crâne. Ainsi que cinq autres personnes, il avait été attaqué dans Central Park vers 9 heures du soir, par un groupe de sept ou dix jeunes gens vêtus uniformément de pantalons kaki et de chemisettes, armés de battes de base-ball. La police leur a donné la chasse sans succès. Une série d'attaques semblables avaient eu lieu l'année dernière à la même saison dans ce parc.

A Chicago, un conducteur de locomotive a été aveuglé momentanément après qu'une pierre eut brisé le pare-brise de sa machine. Il a été relayé par un mécanicien qui a pu conduire le train jusqu'à la prochaine gare. Trois enfants, de douze, treize et quatorze ans ont été arrêtés. Le conducteur a déclaré à la police que passer dans la banlieue sud de Chicago lui donnait chaque fois l'impression de «*traverser un champ de bataille (...) à un moment,* a-t-il dit, *ils décident tous de lancer des pierres sur le train. Certains de ces gamins sont si jeunes – peut-être cinq ans – qu'ils ne parviennent pas à l'atteindre mais ils essaient quand même.*» Cet incident n'est que le dernier d'une série d'actes de violence per-

du plus fort

pétrés contre les employés des services de transport de la ville de Chicago. Deux cents gardes de sécurité ont été embauchés pour tenter d'y mettre fin.

A New-York encore, mais à Harlem cette fois, un gamin de treize ans s'est fâché lorsqu'il a eu l'impression qu'un garçon de quinze ans qui passait riait de lui. Il a sorti un revolver et appuyé le canon sur la tempe de l'adolescent qui croyait à une plaisanterie. Il a appuyé sur la détente, mais le coup n'est pas parti. Calmement, au dire des témoins, il a essayé une seconde fois. L'adolescent a reçu la balle en pleine tête.

Phénomène plus grave encore, parce que plus fréquent, les écoles semblent devenir des lieux dangereux. Après s'être battu avec un collégien qui avait essayé de violer une de ses collègues, M. Hank Springer, qui mesure pourtant 1,85 mètre et pèse 100 kilos a été assommé par trois adolescents venus à la rescousse du premier. Il a dû subir une opération pour entendre à nouveau normalement. Ce témoignage, présenté à l'occasion d'un congrès de l'Association de l'Education Nationale, à Dallas, a été accompagné de la publication de statistiques qui indiquent que 3% des enseignants des écoles publiques se font attaquer chaque année. Il y aurait eu environ soixante mille agressions au cours de l'année scolaire 1977-1978. Les professeurs se plaignent que les directeurs d'école cherchent à dissimuler ces faits par souci de leur avancement.

Ces chiffres sont préoccupants, même s'ils ne concernent pour la plupart que des zones urbaines où la situation dans les écoles est chaque année un peu plus chaotique. Ces nouveaux délinquants ne sont pas tous des adolescents souffreteux, arriérés ou sporadiquement survoltés par l'usage de la drogue. Beaucoup, conformément au nouvel engouement pour la culture physique qui règne aux Etats-Unis, sont de véritables athlètes. La jungle des villes n'est plus ce qu'elle était.

(Le Monde)

1 Rassemblement

(A) *Répondez aux questions suivantes:*

(1) Qu'est-ce qu'on a constaté à propos de la criminalité aux Etats-Unis?
(2) Que veut dire «un acte de violence gratuite»?
(3) Expliquez la différence entre un criminel professionnel et un criminel d'occasion.
(4) Aux Etats-Unis les criminels d'occasion sont-ils presque tous des adultes?
(5) Qu'est-ce qui est arrivé à Dick Button?
(6) Est-ce que la police a réussi à attraper les attaqueurs?
(7) Est-ce la première fois qu'une agression a eu lieu dans ce parc?
(8) Comment est-ce que le conducteur de locomotive a été blessé à Chicago?
(9) En quels termes celui-ci a-t-il décrit le passage à travers la banlieue sud de la ville?
(10) Comment est-ce que les autorités ont essayé de combattre ces actes de violence contre les cheminots?
(11) En quoi peut-on dire que le meurtre qui a eu lieu à Harlem était tout à fait grotesque?
(12) Quel est le phénomène encore plus grave dont on s'est aperçu aux Etats-Unis?
(13) Pourquoi M. Springer s'est-il battu avec un collégien?
(14) Qu'ont fait les trois autres adolescents?
(15) M. Springer a reçu quelle sorte de blessure?
(16) Quelles sont les deux constatations les plus inquiétantes qu'on a présentées au congrès de l'Association de l'Education Nationale?
(17) Selon les professeurs, pourquoi les directeurs d'école cherchent-ils à dissimuler ces faits?
(18) Le problème est-il partout de la même gravité?
(19) Que veut dire M. Carron par «des adolescents survoltés par l'usage de la drogue»?
(20) Comment sont beaucoup de ces nouveaux délinquants?

(B) *Copiez et complétez le résumé de l'article:*

Le pays en question:
Les deux constatations capitales:

Les trois premiers événements rapportés
– à New-York (victime et agression):
– à Chicago (victime et agression):
– à Harlem (victime et agression):
Le problème relatif à l'école
– le quatrième événement:
Statistiques présentées au congrès:
L'ampleur du problème:
Le croquis du nouveau jeune délinquant:

(C) *Copiez et étudiez les mots-clés et formules du passage*:

la criminalité – en baisse
Les actes de violence gratuite – semblent se multiplier.
Trois faits divers récents . . .
Les écoles semblent devenir des lieux dangereux.
Ces chiffres – préoccupants . . .
Ces nouveaux délinquants . . .
La jungle des villes n'est plus ce qu'elle était.

(D) *Copiez et complétez les phrases suivantes:*

(1) A New-York, Dick Button, – – de patinage, – – admis à l'hôpital avec une fracture du crâne.
(2) Il – – un revolver et appuyé le canon – la tempe de l'adolescent qui croyait – une plaisanterie.
(3) Calmement, – – des témoins, il a essayé une seconde fois. L'adolescent a reçu la balle – – –.
(4) Les professeurs se plaignent – les directeurs d'école cherchent – dissimuler ces faits par souci – leur avancement.
(5) Beaucoup, conformément – nouvel engouement pour la culture physique qui règne – Etats-Unis, sont – véritables athlètes.

(E) *Selon l'article, les phrases suivantes sont-elles vraies ou fausses?*

(1) Selon les statistiques, les actes de violence sont plutôt des actes d'agression contre les personnes que contre la propriété.
(2) Les attaqueurs de M. Button lui ont fracturé le crâne en lui donnant des coups de pied dans la tête.
(3) Des actes de violence perpétrés contre les cheminots américains arrivent souvent.
(4) A Harlem le jeune meurtrier s'est moqué de sa victime avant de la tuer.

(5) Aux Etats-Unis c'est dans le secteur privé de l'éducation que les actes d'agression sont les plus fréquents parmi les élèves.

Maintenant divisez-vous en paires, inventez d'autres phrases vraies ou fausses relatives à l'article et échangez-les contre celles de la paire voisine, etc.

(F) *Trouvez et mémorisez les mots et expressions synonymes dans le passage:*

(1) **d'après** les statistiques
(2) **par contre,** les actes de violence gratuite
(3) **de la même façon que** cinq autres personnes
(4) dix jeunes gens **qui portaient des** pantalons kaki
(5) il a été **remplacé** par un mécanicien
(6) **quelques-uns** de ces gamins
(7) qu'ils ne **réussissent** pas à l'atteindre
(8) un gamin de treize ans **s'est mis en colère**
(9) M. Hank Springer . . . a été **abattu**
(10) 3% des enseignants des écoles publiques **sont attaqués**
(11) **durant** l'année scolaire
(12) **suivant le** nouvel engouement

(G) *Etudiez les définitions et exemples suivants:*

un engouement – une passion ou une admiration pour quelqu'un ou quelque chose.
ex. **Je ne comprends pas son engouement pour cette vedette.**

embaucher – engager quelqu'un en vue d'une besogne, d'un travail.
ex. **On a dû embaucher un millier d'ouvriers pour construire cette autoroute.**

la majorité pénale – l'âge où un adolescent peut être mis en prison pour avoir commis un crime.
ex. **Puisqu'il avait déjà atteint la majorité pénale, le jeune criminel ne pouvait pas plaider la responsabilité atténuée.**

un gamin – mot familier pour un jeune adolescent (**gamine** au féminin).
ex. **Mon pauvre beau-père trouve impossible de s'identifier avec les gamins d'aujourd'hui.**

le canon – (ici) la partie d'une arme à feu qui est en forme de tube.
ex. **Soudain le voleur armé visa l'employé avec un fusil à canon scié.**

(H) *Cherchez les mots requis dans le passage afin de compléter les définitions suivantes:*

(1) La déclaration écrite ou verbale du témoin d'un accident ou d'un crime s'appelle un . . .
(2) Quelque chose qui est en désordre est . . .
(3) . . . une femme, c'est la posséder contre sa volonté.
(4) Quelqu'un qui contrevient à une règle de droit pénal s'appelle un . . .
(5) Commettre un crime, c'est . . . un acte criminel.

(I) *Trouvez les verbes pronominaux et les verbes réguliers dans le passage.*

Classifiez sous les catégories suivantes le vocabulaire pertinent dans le passage: (1) les adjectifs au féminin
(2) les prépositions

Combien de professions figurent dans l'article? Nommez-les.

(J) *Trouvez les expressions françaises dans le passage dont la traduction anglaise est écrite ci-dessous:*

(1) . . . the crime rate is actually meant to be on the decrease . . .
. . . about sixty thousand assaults have allegedly taken place during the 1977–78 school year.
(2) The bullet went right into the teenager's head.
(3) . . . three teenagers who had come to the aid of the first one . . .
(4) . . . according to witnesses . . .
(5) These new delinquents aren't all sickly, backward teenagers . . .

(K) *Interrogation*

A vous de poser des questions sur le passage à votre professeur et aux autres étudiants – soyez aussi rapide que possible!

Démantelez le cercle criminel:
Cherchez des faits divers que vous pourrez circuler en classe. Divisez-vous en groupes de trois personnes – un étudiant consulte l'article et les

deux autres doivent en déterminer le contenu. Découvrez le genre de crime, la région où il s'est déroulé, la date, les événements, les conséquences, etc.

2 Triage et application

(A) *Créez une phrase en utilisant les termes suivants:*

ex. crime, se multiplier, inquiétant, être en baisse

➔ **Loin d'être en baisse, il semble que les crimes se multiplient actuellement, et cela est inquiétant.**

(1) attaquer, fracture du crâne, garde de sécurité, adolescent
(2) enseignant, école publique, indiquer, acte de violence
(3) se livrer à, drogue, pour la plupart, délinquant
(4) zone urbaine, champ de bataille, semblable, avoir l'impression que

(Le choix des formes et des temps est à vous.)

(B) *Copiez et complétez le tableau ci-dessous:*

patiner	patinage	patineur
	plaisanterie	
		enseignant
	agression	
illustrer		
	bataille	

Trouvez les verbes à l'origine de ces mots:
une tendance   la baisse   une fracture
la détente   la revanche   un avancement

Retrouvez dans le passage les adverbes qui correspondent à ces adjectifs:
uniforme   sporadique   momentané   normal

Retrouvez dans le passage les adjectifs qui correspondent à ces adverbes:
récemment   dangereusement   fréquemment
gravement   véritablement   gratuitement

(C) *Remplacez le mot ou l'expression* ***désigné*** *par un mot ou une expression en marge:*

(1)	Le gendarme a essayé de **poursuivre** le voleur, mais en vain.	**sporadiquement**
(2)	C'est une situation **effrayante.**	**mettre fin à**
(3)	Il put cacher **un temps** sa douleur.	**donner la chasse à**
(4)	Cette question est une de ses idées **obsédantes.**	**inquiétant**
(5)	Comment **arrêter** la violence qui nous entoure?	**momentanément**
(6)	Un coup de feu retentit **de temps à autre.**	**préoccupant**

(Vous serez peut-être obligé de changer la forme de certains termes en marge.)

(D) *Consultez un dictionnaire pour trouver et mémoriser des expressions idiomatiques françaises qui contiennent les mots suivants:*

ex. **coup ➤ donner un coup de main à quelqu'un.**
(1) crâne (2) partir (3) aveugle
(4) (un) fait (5) âge (6) (la) chasse
(7) pierre (8) dire (9) donner (10) ainsi

(E) *En consultant (G) de la première section de ce chapitre (à la page 24), définissez les mots et termes suivants:*

(1) un collégien (2) la jungle (3) une école publique
(4) un champ de bataille (5) une zone urbaine

(F) *Antonymes et synonymes*

(1) *Donnez le contraire des mots suivants:*

semblable	un inconnu	arriéré
fréquent	dissimuler	régner

(2) *Trouvez un synonyme aux termes suivants:*

tenter de	un congrès	briser
les biens	subir	un athlète

Divisez-vous en paires et choisissez d'autres termes et expressions dans le passage. Demandez à votre adversaire de vous donner l'antonyme et le synonyme à chaque terme que vous avez noté, et réciproquement.

(G) *Lorsque je me suis inscrit au barreau . . .*

Tout le monde dans la classe cherche un certain nombre de termes de droit français. La classe se divise en deux équipes; c'est à chaque équipe de deviner la signification des termes offerts par les adversaires. (ex. bail / garde à vue / procès-verbal / saisie)

(H) *Conjuguez dans l'ordre indiqué par les flèches:*

Présent ➤ passé composé ➤ plus-que-parfait ➤ imparfait ➤ passé simple ➤ futur ➤ conditionnel.

(1) **rire** de l'adolescent (elle)
(2) **croire** à une plaisanterie (on)
(3) **parvenir** à atteindre le train (nous)
(4) **avoir** lieu (il)
(5) **être** relayé (je)

Choisissez le temps et la forme corrects:

(1) Si elle porte encore cette robe affreuse, ils . . . d'elle. (rire)
(2) Quand elle l'a entendu marmotter de la sorte, elle . . . à un égarement. (croire)
(3) Nous sommes arrivés au stade, mais le match . . . lieu deux heures auparavant. (avoir)
(4) S'ils étaient plus diplomatiques, ils . . . à la convaincre. (parvenir)
(5) Ça fait huit ans que je . . . relayé à une heure du matin: pourquoi ce changement maintenant? (être)

(I) *Récrivez les phrases en suivant les modèles:*

Modèle 1 Q: On a attaqué le vieillard en plein jour?
R: Oui, **il a été attaqué** en plein jour.

(1) Q: On a retrouvé le fils du millionnaire?
R: Oui, . . .
(2) Q: On approuvera le deuxième procès-verbal?
R: Oui, . . .
(3) Q: On avait averti ce jeune délinquant deux fois déjà?
R: Oui, . . .
(4) Q: Si le président de séance refusait notre demande, on le tuerait, n'est-ce pas?
R: Oui, . . .

Modèle 2 Q: Nous avons été poursuivis, n'est-ce pas?
R: Oui, **on nous a poursuivis.**

(1) Q: Elle a été arrêtée samedi dernier, n'est-ce pas?
R: Oui, . . .
(2) Q: Tu seras condamné à deux ans de bagne si on t'attrape, n'est-ce pas?
R: Oui, . . .
(3) Q: Ils avaient été trahis la veille de l'invasion, n'est-ce pas?
R: Oui, . . .
(4) Q: Dans ce cas vous auriez été massacrés, n'est-ce pas?
R: Oui, . . .

Modèle 3 Q: On a dit au gamin d'attendre?
R: Oui, **on lui a dit d'attendre.**
(1) Q: On a promis au commissaire de rendre les bijoux?
R: Oui, . . .
(2) Q: On avait déjà ordonné aux troupes de tirer?
R: Oui, . . .
(3) Q: En d'autres circonstances on aurait conseillé aux accusés de plaider coupable, n'est-ce pas?
R: Oui, . . .
(4) Q: Dans ce cas on dirait au vaurien de s'en aller?
R: Oui, . . .

(J) *Vous êtes un reporter célèbre et très discuté et vous savez transformer tous les bruits qui courent en gros titres pour votre journal. Suivant les modèles, transformez les bruits en gros titres:*

Modèle On dit que le pont de Bénichon est instable.
➔ **PONT DE BENICHON SERAIT INSTABLE!**
Modèle On dit que le fils du Président a disparu hier soir.
➔ **FILS DU PRESIDENT AURAIT DISPARU!**
(1) On dit que la vie de Mme. R . . . est menacée.
(2) On dit qu'un requin blanc a terrorisé les estivants à Miami.
(3) On dit que la duchesse de G . . . est encore enceinte.
(4) On dit que M. Howard Hughes n'est pas mort.
(5) On dit que le Président est parti en colère.

(K) *Dans la cour de justice*
Suivant le modèle, répondez aux questions ci-dessous:

Modèle *AVOCAT GENERAL:* Alors, vous avez pris le petit déjeuner, puis vous êtes sorti?
ACCUSE: Oui, **je suis sorti après avoir pris le petit déjeuner.**

AVOCAT: Alors, vous avez assisté au match de football, puis vous avez pris un verre avec un ami?
ACCUSE: Oui, . . .
AVOCAT: Alors, vous êtes sorti du bistro, puis vous avez décidé de faire une promenade?
ACCUSE: Oui, . . .
AVOCAT: Alors, vous avez trouvé le cadavre, puis vous avez téléphoné à la police?
ACCUSE: Oui, . . .
AVOCAT: Alors, vous êtes entré dans le commissariat, puis vous avez trouvé le couteau dans votre poche?
ACCUSE: Oui, . . .
AVOCAT: Alors, vous vous êtes couché dans la cellule, puis vous avez pensé au nom de votre ami?
ACCUSE: Oui, . . .

(L) *Suivant les modèles, récrivez les phrases ci-dessous:*

Modèle 1 Q: On publie les chiffres tous les huit jours?
R: Oui, **les chiffres se font publier tous les huit jours.**

(1) Q: On arrête une vingtaine de jeunes délinquants tous les jours?
R: Oui, . . .
(2) Q: On tue une centaine de phoques chaque semaine?
R: Oui, . . .
(3) Q: On congédie un certain nombre de manoeuvres chaque mois?
R: Oui, . . .

Modèle 2 Q: On a dû attendre longtemps la patronne?
R: Oui, **elle s'est fait attendre longtemps.**

(1) Q: On a dû photographier le gendarme héroïque?
R: Oui, . . .
(2) Q: On a pu comprendre les étrangers?
R: Oui, . . .
(3) Q: On a dû présenter ces femmes à l'ambassadeur?
R: Oui, . . .

(M) *Suivant le modèle, répondez aux questions ci-dessous:*

Modèle Q: Tu vas voir souvent ta vieille tante?
R: Oui, mais elle se plaint que je n'**aille** jamais la voir.

(1) Q: Tu promets beaucoup de cadeaux à ta fiancée?
R: Oui, mais elle se plaint que je ne lui . . . rien.

(2) Q: Vous envoyez chaque an une carte d'anniversaire à vos amis?
R: Oui, mais ils se plaignent que nous ne leur . . . rien.
(3) Q: Vous êtes très aimables envers vos voisins?
R: Oui, mais ils se plaignent que nous . . . désagréables.
(4) Q: Vous allez souvent aux magasins de vos clients?
R: Oui, mais ils se plaignent que nous n'y . . . jamais.
(5) Q: Tu sais les noms de tous tes employés?
R: Oui, mais ils se plaignent que je ne les . . . pas.

(N) *Fournissez les questions qui ont provoqué les réponses suivantes dans une interview avec les témoins du meurtre à Harlem:*

(1) «Il avait environ treize ans.»
(2) «Il croyait que l'autre gamin se moquait de lui.»
(3) «C'était un revolver.»
(4) «Directement sur la tempe de la victime.»
(5) «Non, à mon avis, il croyait à une plaisanterie.»
(6) «Il a essayé calmement une seconde fois.»
(7) «Il l'a reçue en pleine tête.»

3 Assimilation

(A) *Résumé*

Résumez le texte en 10 phrases simples.
OU
Résumez les deux derniers paragraphes (200 mots) en 50 mots.

(B) *Expansion*

La victime d'une attaque monstrueuse à Paris vient de reprendre connaissance dans l'hôpital. La police la soumet immédiatement à une interrogation, mais on ne peut noter que des réponses décousues.

Essayez de les traduire en quelques courtes phrases:
. . . Pigalle . . . vers onze heures . . . un groupe d'adolescents . . . blousons noirs . . . faisait trop noir . . . lutte . . . la tête fendue . . .

(C) *Expansion orale*

Divisez-vous en paires. Chaque paire doit présenter un dialogue improvisé entre un détective et un adolescent français que celui-là soupçonne d'avoir participé à cette attaque monstrueuse.

(D) *Nouvelle situation*

Au cours d'un congrès de la F.E.N. un argument se produit entre un directeur d'école et un professeur qui a été attaqué deux fois par des élèves délinquants dans l'école où il enseigne. Ecrivez un dialogue assez court entre les deux hommes.

(E) *Point de vue différent*

(1) Ecrivez une interview entre un journaliste et un jeune Français délinquant qui habite à Marseille durant laquelle le journaliste lui pose des questions sur son milieu, sa famille, son logement, son éducation, etc.

OU

(2) Ecrivez une interview entre un journaliste et deux gendarmes français au sujet de la jeunesse délinquante, du crime en général, et des différentes façons de corriger et de punir les criminels en France.

(F) *Narration*

Vous avez l'occasion de présenter un documentaire télévisé sur la jeunesse délinquante et la violence pour T.F.1. Décrivez ce que vous avez dû faire pour rassembler toutes les données requises (interviews avec des assistantes sociales, visites aux centres d'éducation surveillée, etc.), et écrivez un schéma de votre émission.

(G) *Le crime et la violence*

(1) *Traduisez en anglais*:

La «société de violence»

Notre société est-elle aussi violente qu'on le dit? et dépasse-t-elle en violence celles qui l'ont précédée?

Une première constatation: le nombre des vols en tout genre et des agressions a augmenté depuis vingt ans dans d'étonnantes proportions. C'est incontestable. Et beaucoup d'entre nous, hélas! en ont fait l'expérience, en ont été victimes. Cela ne signifie pas que notre époque ait l'exclusivité de la violence: aux abords de bien des grandes villes françaises, on trouve des lieux-dits ou des cafés aux enseignes révélatrices: «A la bonne chance», «A la grâce de Dieu». Ils rappellent que, voici un siècle ou deux, le voyageur ou la diligence qui s'aventuraient plus loin le faisaient à leurs risques et périls. Et je viens de fouiller une collection de journaux du début du siècle; ils étaient bourrés de faits divers plus sanglants les uns que les autres.

Deuxième fait: le nombre des meurtres et assassinats, ce qu'on appelle les «crimes de sang» est étonnamment stable depuis des dizaines d'années – contrairement à ce que pensent la plupart de nos compatriotes, persuadés qu'il a augmenté. Notons en passant que ces crimes sont beaucoup moins sanctionnés par la guillotine qu'au début du siècle (aujourd'hui on exécute très peu, et le débat sur la peine de mort est en partie théorique).

Jacques Duquesne: «La «société de violence»»
(*Ouest-France*)

(2) *Traduisez en français:*

"Kidnapper disappears without trace" – he read the headline over and over again, hardly able to believe his good luck. He looked at his hostage who had been tied to a chair for twelve hours now, and whose face was lit up by the dim light of a 40-watt bulb.

After going out to check the front door the kidnapper came back to the filthy bedroom and sat down again. "It's no good thinking they'll rescue you," he said to his prisoner. "They're complaining in the paper that they don't know where the stolen car is and that I've probably got more than ten different disguises. A thousand criminals get caught every week, but I'm no ordinary criminal. I'm not going to get caught, and I mean it."

He got out his revolver and pressed it against the hostage's left temple. "Don't forget," he whispered, "one false move and you'll get a bullet straight in your head."

(H) *Débat*

La classe se divise en deux pour discuter la proposition suivante:
«Le crime et la délinquance – pas de solution possible, car on ne peut en identifier les causes.»

(I) *Dissertation*

«Le crime et la violence: pourquoi existent-ils et comment la société peut-elle y mettre fin?» (300 à 350 mots)

3 Echec

Point de vue

par Jean MOUSSE

NATIONALITE : FRANCAISE

Il n'y a rien de tel qu'un voyage à l'étranger pour comprendre à quel point l'appartenance à une nation contribue à la détermination d'un individu. Il n'y a rien de tel, non plus, que les variations de l'histoire pour éclairer les rapports de force dont la nationalité de chacun marque son existence.

En Angleterre ou en Allemagne, vous n'êtes plus seulement Pierre ou Paul, mais aussi et souvent d'abord, quoique vous vous en défendiez, un Français. Vous avez beau dire que Raymond Barre n'est pas votre cousin ou que ce n'est pas vous qui avez colonisé le Gabon, on ne vous croit qu'à moitié. Surtout, vous n'arrivez pas à épouser les réactions de vos auditeurs sur des sujets qui polarisent leur agressivité ou leur admiration. Certains Américains vous rendent gaullistes et certains Italiens antigaullistes. Les Allemands peuvent avoir une manière de parler du communisme qui vous ferait voter pour Georges Marchais.

Vous comprendrez alors que les rapports interpersonnels sont alourdis de violence collective au-delà de toute raison. Nous, Français, l'éprouvons d'autant mieux qu'en cinquante ans notre position dans le monde a basculé. De grand, notre pays est devenu moyen. Comment cela ne nous aiderait-il pas à comprendre les petits, les moyens et les grands?

1931, l'année de mes dix ans, fut aussi l'année de l'exposition coloniale. Comment le gamin que j'étais n'aurait-il pas été confusément fier de savoir les trois couleurs flotter aux quatre coins du monde? Quand un problème surgissait en Afrique ou en Asie, Paris envoyait une canonnière. N'était-il pas tentant d'imaginer que la force couvrait le droit et la puissance la justice? Cela m'aide, aujourd'hui, à comprendre les Américains et leur bonne conscience quasi-enfantine.

et mat !

En 1941, l'année de mes vingt ans, l'humiliation avait été consommée. Elle se promenait dans nos rues en uniforme feldgrau. Peu de temps après, elle retentissait dans les sarcasmes d'autres Européens, réduits à l'esclavage comme moi, mais qui m'abordaient en ironisant: «Frankreich, grosse Nation! Ah! Ah!» Il n'y avait pas de quoi être fier, en effet. Mais les sentiments qui m'habitèrent alors m'aident à comprendre les vaincus de toute catégorie qui n'avalent pas leur honte. Ils sont infiniment respectables. C'est quand je suis dans le camp du plus fort qu'il m'arrive désormais d'avoir quelquefois honte.

1955, déjà, je sentais chez certains Allemands une jalousie de voir la France conserver des prérogatives politiques tandis qu'eux redevenaient une grande puissance économique.

Ainsi va la roue de l'histoire. Hier, Espagnols et Portugais se partageaient le monde, puis les Anglais et les Hollandais, puis les Français, les Anglais et les Allemands. Aujourd'hui, les Américains et les Russes. A quand le Brésil et la Chine?

Aujourd'hui, certains pays profitent de leur situation pour faire pression sur les autres, ils ne sont pas moins injustes que nous le fûmes en d'autres temps. D'autres souffrent d'humiliations collectives. Ils ne souffrent pas moins que nous n'avons souffert. Beaucoup sont chauvins; mais n'est-il pas sain d'être fier de sa nation? Comment comprendre la vanité des complexes de supériorité si l'on n'a jamais souffert de ceux qu'affichent les autres? Comment comprendre l'humiliation si l'on n'a jamais été humilié? Comment se situer sans complexes devant les autres si l'on n'a jamais eu l'occasion de s'étonner devant certaines de leurs réactions? Le souvenir de ce que nous fûmes en 1931 peut nous aider à comprendre les Américains aujourd'hui. La conscience de ce que nous sommes aujourd'hui en face des Arabes peut nous aider à comprendre ce que furent hier des Africains devant nous. Ce ne sont pas seulement les relations personnelles mais aussi les jeux de la politique internationale qui nous éclairent sur ce que nous sommes.

(Ouest-France)

1 Rassemblement

(A) *Répondez aux questions suivantes:*

(1) Selon l'auteur, quelle est la meilleure façon d'apprécier le lien qui existe entre la nationalité et l'identité d'un individu?
(2) Que veut dire l'expression «les rapports de force»?
(3) Quelles idées préconçues le Français trouve-t-il chez les Anglais et les Allemands?
(4) Qui est Raymond Barre et où est le Gabon?
(5) Qu'est-ce qu'on donne comme exemple d'un sujet qui polarise les attitudes envers les Français à l'étranger?
(6) Selon l'auteur, qu'y a-t-il de plus fondamental dans les rapports interpersonnels entre les citoyens des différents pays du monde?
(7) Pourquoi les Français sont-ils à même de comprendre ces sentiments?
(8) Quelle fut la réaction de l'auteur en 1931 à la politique coloniale de l'Hexagone?
(9) Cette politique a donné lieu à quelle attitude chez beaucoup de Français?
(10) A quoi la description «en uniforme feldgrau» fait-elle allusion?
(11) Comment l'Europe asservie réagit-elle à la France à cette époque?
(12) Comment la Deuxième Guerre mondiale a-t-elle aidé l'auteur à devenir plus sympathique envers les pays dominés d'aujourd'hui?
(13) On s'aperçut de quelle différence entre le développement de l'Allemagne et celui de la France en 1955?
(14) En quoi l'histoire ressemble-t-elle à une roue?
(15) Selon l'auteur, la domination d'un pays sur un autre est-elle un phénomène récent?
(16) Quelle est l'attitude de l'auteur envers le chauvinisme?
(17) «Comment comprendre l'humiliation si l'on n'a jamais été humilié?» En quoi cette phrase est-elle la devise de l'auteur?
(18) Comment le passé nous aide-t-il à comprendre la politique étrangère des Grandes Puissances?
(19) Pourquoi les Arabes sont-ils de nos jours plus puissants qu'autrefois?
(20) Comment l'auteur décrit-il les manoeuvres de la politique internationale?

(B) *Copiez et complétez le résumé de l'article:*

L'importance de la nationalité:
La signification des variations de l'histoire:
Ce qu'évoque le mot «Français» à l'étranger:
Sujets qui provoquent agression ou admiration:
La nature des rapports interpersonnels:
La France pendant les cinquante dernières années
- situation en 1931:
- situation en 1941:
- situation en 1955:

Changement dans l'équilibre politique mondial:
Conception des rapports de force internationaux:

(C) *Copiez et étudiez les mots-clés et formules du passage:*

l'appartenance à une nation contribue à la détermination d'un individu
épouser les réactions de vos auditeurs
les rapports interpersonnels sont alourdis de violence collective
De grand, notre pays est devenu moyen.
Ainsi va la roue de l'histoire.
Comment comprendre l'humiliation si l'on n'a jamais été humilié?
qui nous éclairent sur ce que nous sommes

(D) *Copiez et complétez les phrases suivantes:*

(1) Vous – – dire que Raymond Barre n'est pas votre cousin ou que ce n'est pas vous qui – colonisé le Gabon . . .
(2) Nous, Français, l'éprouvons – mieux – en cinquante ans notre position dans le monde a – .
(3) Il n'y avait pas – – être fier, – effet.
(4) . . . ils ne sont pas – injustes que nous – fûmes – d'autres temps.
(5) Comment se situer sans complexes devant les autres si – on n'a jamais eu l'occasion – s'étonner – certaines de leurs réactions?

(E) *Selon l'article, les phrases suivantes sont-elles vraies ou fausses?*

(1) Pendant les années trente les problèmes dans les colonies françaises furent résolus au moyen des pourparlers.

(2) Le cynisme d'autres Européens pendant la guerre était la conséquence de leur propre humiliation.
(3) Les Allemands considéraient leurs principes de 1955 comme supérieurs à ceux de la France.
(4) Les étrangers sont enclins à identifier le Français typique avec les hommes célèbres de son pays.
(5) Les Français sont incapables de comprendre les Américains.

Maintenant divisez-vous en paires, inventez d'autres phrases vraies ou fausses relatives à l'article et échangez-les contre celles de la paire suivante, etc.

(F) *Trouvez et mémorisez les mots et expressions synonymes dans le passage:*

(1) si l'on n'a jamais eu l'occasion d'**être surpris**
(2) les **liens** interpersonnels
(3) vous n'arrivez pas à **vous attacher ardemment à**
(4) ils **ne** sont **que trop** respectables
(5) certains Américains **font de vous des** gaullistes
(6) vous **essayez en vain de** dire que
(7) en **raillant:** «Frankreich, grosse Nation!»
(8) pour comprendre **combien** l'appartenance
(9) Hier, Espagnols et Portugais **divisaient** le monde **entre eux.**
(10) il n'y avait pas de quoi être fier **effectivement**

(G) *Etudiez les définitions et exemples suivants:*

une prérogative – un avantage ou un privilège dont jouissent certains individus seulement.
ex. **C'est une prérogative dont il a hérité.**

collectif (ive) – qui concerne un groupe social.
ex. **A mon avis, c'est une responsabilité collective.**

polariser – attirer quelque chose ou plusieurs choses en un point.
ex. **Cette situation a polarisé les opinions.**

l'appartenance (f) – le fait d'appartenir (à une société, une race, etc.).
ex. **Son appartenance à cette nation est pour lui un grand handicap.**

enfantin – qui est du niveau de l'enfant; qui est très simple.
ex. **Toutes ses idées sont enfantines.**

(H) *Complétez les définitions en cherchant les mots requis dans le passage et inventez une phrase dans laquelle vous vous servez du terme en question:*

(1) Faire d'un pays ou d'une île une colonie en l'occupant, c'est ... le territoire.
ex.
(2) Si l'on force quelqu'un à accepter ses volontés, on ... sur lui.
ex.
(3) Remuer au gré du vent, c'est ... au vent.
ex.
(4) Le sentiment de quelqu'un qui a été abaissé, c'est l' ...
ex.
(5) Une opinion qui est tout à fait normale, c'est une opinion ...
ex.

(I) *Trouvez les verbes intransitifs dans le passage.*

Classifiez sous les catégories suivantes le vocabulaire pertinent dans le passage: (1) les préfixes séparables
(2) les prépositions et locutions prépositives

(J) *Trouvez les expressions françaises dans le passage dont la traduction anglaise est écrite ci-dessous:*

(1) We French feel it all the more acutely because in fifty years our position in the world has taken a tumble.
(2) Yet the feelings that dwelt within me at that time are now helping me to understand all those who are downtrodden and who can't swallow their shame.

(3) How can you understand the vanity of superiority complexes if you have never been subjected to those flaunted by other people?

(K) *Toujours la politique . . .*

Cherchez des informations sur les principaux partis politiques français (nom, sigle, chef, secrétaire général, âge, principes et aspirations, alliances, puissance, etc.). Analysez les attitudes des différents partis envers la politique internationale et rassemblez les renseignements pour faire une petite brochure. Concentrez-vous surtout sur les attitudes envers le communisme, la détente, la colonisation, le désarmement, une Europe fédérale, etc. Au besoin, consultez la bibliographie à la fin du livre.

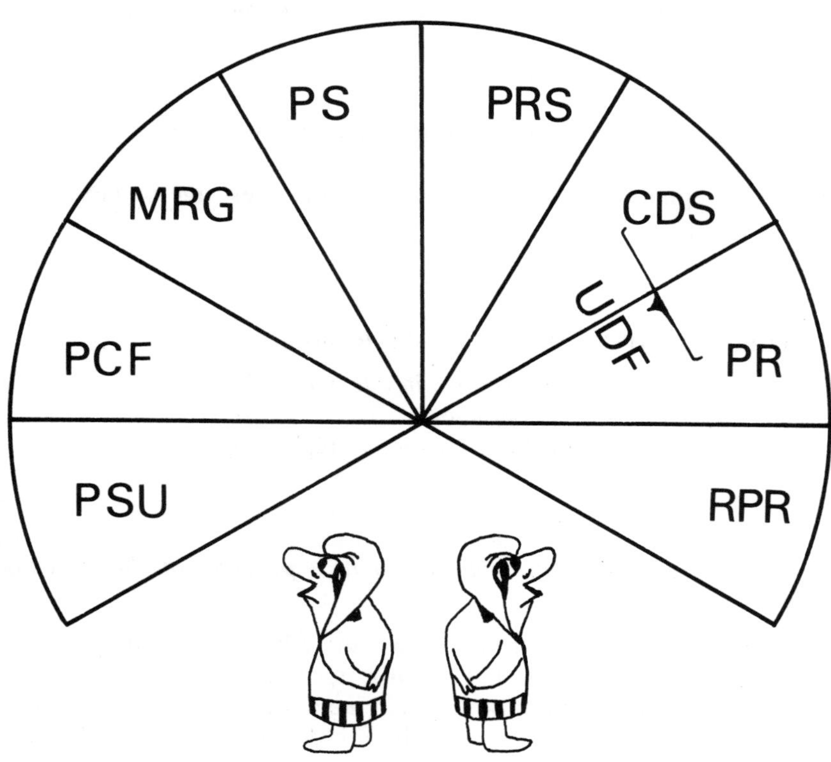

2 Triage et application

(A) *Créez une phrase en utilisant les termes suivants:*

ex. rapport, déterminer, nation, individu

➔ **Le rapport qui existe entre tout individu et la nation à laquelle il appartient est déterminé par les expériences collectives du passé.**

(1) esclavage, supériorité, profiter de, force
(2) jeux, politique, réduire à, situation
(3) gaulliste, communisme, agressivité, devenir
(4) voter, moitié, droit, avoir l'occasion de

(Le choix des formes et des temps est à vous.)

(B) *Copiez et complétez les deux tableaux ci-dessous:*

en	France	on parle	français
	Hollande	on parle	
		on parle	chinois
	Allemagne	on parle	
	Brésil	on parle	
		on parle	russe
	Etats-Unis	on parle	
	Espagne	on parle	
	Japon	on parle	

NOM		ADJECTIF
justice	→	juste
honte	→	
vanité	→	
puissance	→	
sarcasme	→	
jalousie	→	
agressivité	→	
violence	→	

Trouvez les verbes à l'origine de ces mots:

appartenance confusément détermination admiration
exposition situation vaincu violence catégorie humiliation

Changez en adverbes:

personnel confus infini puissant injuste certain
violent fier respectable collectif seul international

(C) *Consultez un dictionnaire pour trouver et mémoriser des expressions idiomatiques françaises qui contiennent les mots suivants:*

(1) avaler (2) camp (3) petit (4) sain (5) point
(6) tel (7) mieux (8) fort (9) manière (10) croire

(D) *En consultant (G) de la première section du chapitre (à la page 38), définissez les mots et termes suivants:*

(1) une canonnière (2) alourdir (3) chauvin
(4) au-delà de (5) tentant

(E) *Antonymes et synonymes*

(1) *Donnez le contraire des mots suivants:*

la raison	l'agressivité	la justice
couvrir	éclairer	vaincu

(2) *Trouvez un synonyme aux termes suivants:*

la jalousie	surgir	éprouver
conserver	désormais	retentir

(F) *Entamons les pourparlers!*

Tout le monde dans la classe cherche un certain nombre de termes dans des journaux et livres français qui sont particuliers à la politique et à la diplomatie. La classe se divise en deux équipes: c'est à chaque équipe de deviner la signification des termes offerts par les adversaires.
(ex. détente / point névralgique / limogeage / attentisme)

(G) *Conjuguez dans l'ordre indiqué par les flèches:*

Présent ➤ passé composé ➤ plus-que-parfait ➤ imparfait ➤ passé simple ➤ futur ➤ conditionnel.
(1) **voir** le développement politique des pays voisins (on)
(2) **couvrir** la justice avec la puissance (ils)
(3) **envoyer** une canonnière (nous)
(4) **souffrir** d'une humiliation collective (elle)
(5) **redevenir** une nation respectée (l'Allemagne)

Choisissez le temps et la forme corrects:

(1) En 1928 la France ... pour la première fois les résultats de son développement dans ce domaine. (voir)
(2) On a dit qu'il ... la justice deux fois déjà. (couvrir)
(3) S'il y a des problèmes, nous ... une canonnière. (envoyer)
(4) Comme toutes les Françaises de cette époque elle ... d'une humiliation collective. (souffrir)
(5) S'il n'y avait pas eu la guerre froide, ce pays ... une grande puissance. (redevenir)

(H) *Répondez aux questions ci-dessous en suivant le modèle:*

Modèle Q : Vous avez amorcé les négociations?
R : Oui, **c'est moi qui les ai amorcées.**

(1) Q : Elle a surmonté les difficultés?
R : Oui, ...
(2) Q : Vous avez mis fin à tous les problèmes?
R : Oui, ...
(3) Q : Nous devons nier l'attentat?
R : Oui, ...
(4) Q : Ils veulent envoyer un ballon d'essai?
R : Oui, ...

Ecrivez le pronom correct:

(1) Quant à ..., je n'aime pas cette situation.
(2) Les soldats de garde? Sans ... nous serions morts.
(3) Les connaissances de M. Valski? Je me suis déjà adressé à ...
(4) ... , il n'en sait rien.
(5) ... , je vais guetter les C.R.S. tandis que ... , tu vas placer les bombes.

(I) *Suivant les modèles, répondez aux questions ci-dessous:*

Modèle 1 Q: Il est peu intelligent, n'est-ce pas?
R: Oui, mais on **lui** fait représenter son pays.
Modèle 2 Q: Il est très timide, n'est-ce pas?
R : Oui, mais on **le** fait venir.

(1) Q: Elle est très douée, n'est-ce pas?
R: Oui, mais on ... fait rendre le prix.
(2) Q: Ils ont mal à la tête, n'est-ce pas?
R: Oui, mais on ... fait sortir.

(3) Q: C'est un homme tout à fait ridicule, n'est-ce pas?
R: Oui, mais on ... fait faire un discours.
(4) Q: Elles ont du mal à marcher, n'est-ce pas?
R: Oui, mais on ... fait traverser le terrain à pied.
(5) Q: Elle a l'estomac détraqué, n'est-ce pas?
R: Oui, mais on ... fait manger.
(6) Q: Il est trop ivre pour danser, n'est-ce pas?
R: Oui, mais on ... fait danser tout de même.

(J) *Suivant le modèle, répondez aux questions ci-dessous, employant la forme et le temps corrects:*

Modèle Q: Vous voulez faire un pique-nique?
R: Mais oui, car enfin, **j'ai de quoi** manger.
(1) Q: Les Français n'étaient pas contents alors?
R: Non, car enfin ... être contents.
(2) Q: Vous allez porter plainte à cette société?
R: Oui, car enfin ... me plaindre.
(3) Q: Les habitants vont conserver la récolte?
R: Oui, car enfin ils doivent ... vivre.
(4) Q: Vous ne voulez pas que je rie alors?
R: Non, car enfin à ma place vous ... rire.

(K) *Insérez un verbe à l'infinitif de votre choix, pour compléter ces phrases:*

(1) Comment ... ce chef d'Etat de notre innocence?
(2) Pourquoi ... ce pays sous-développé?
(3) A quoi bon ... la force de frappe?
(4) Que ... maintenant?
(5) Pourquoi ... ces menaces de guerre?

(L) *Suivant les modèles, répondez aux questions ci-dessous:*

Modèle 1 Q: Ils sont compatissants envers les prisonniers?
R: Oui, **mais ils sont moins compatissants que nous ne l'avons été en 1943.**
Modèle 2 Q: Ils souffrent beaucoup, n'est-ce pas?
R: A mon avis, **ils ne souffrent pas moins que nous n'avons souffert.**
(1) Q: Ils sont coriaces devant les injures?
R: Oui, ...

(2) Q : Ils luttent beaucoup, n'est-ce pas?
R : A mon avis, . . .
(3) Q : Ils résistent beaucoup, n'est-ce pas?
R : A mon avis, . . .
(4) Q : Ils sont inquiets après les événements de cette nuit?
R : Oui, . . .

(M) *Insérez «plus», «moins» ou «mieux» dans les phrases suivantes:*

(1) Il est content du sondage, d'autant . . . qu'il augure bien pour les élections cantonales.
(2) Il ne veut pas s'engager dans une carrière politique, d'autant . . . que son père vient de perdre sa circonscription.
(3) Je comprends bien ton angoisse, d'autant . . . que j'ai passé par la même étape.
(4) Elle est peu enthousiaste ce soir, d'autant . . . qu'elle n'avait pas voulu sortir.

(N) *Complétez les phrases suivantes:*

(1) Quoiqu'elle . . . d'être trompée, elle a consenti à ce mariage. (craindre)
(2) Quoique je . . . un grand risque, je trouve tout cela très passionnant. (courir)
(3) Quoique nous . . . beaucoup, nous ne lui en voulons pas. (souffrir)
(4) Quoiqu'ils . . . plus confiants, ils préfèrent rester chez eux ce soir. (devenir)

(O) *Vous êtes interprète pour la délégation française à une conférence de sommet pour les pays de l'O.T.A.N. Traduisez les phrases suivantes en français:*

(1) Evidently the Russians fired some warning shots.
(2) The political refugees have been located.
(3) The European Parliament has now been in session for 36 hours.
(4) It's more like a war of nerves.
(5) A disarmament treaty has been drawn up.
(6) But a peaceful coexistence ought to be possible.
(7) We could send a naval task force.
(8) Yes, on both sides of the Iron Curtain.

3 Assimilation

(A) *Résumé*

Résumez les deux derniers paragraphes de l'article en 75 mots.
OU
Résumez les événements de 1931, 1941 et 1955 cités dans l'article et soulignez les réactions de l'auteur à ceux-ci.

(B) *Expansion*

Expliquez la situation représentée dans le dessin humoristique ci-dessous:

Trouvez d'autres dessins que vous pouvez circuler et interpréter.

(C) *Expansion orale*

Divisez-vous en paires. Chaque paire doit présenter un dialogue improvisé entre un Français en vacances en Allemagne et un Allemand qui a des idées préconçues sur le Français typique.

(D) *Nouvelle situation*

Un Français qui a soutenu le régime Pétain pendant la guerre réfléchit à cette époque de l'histoire française. Il explique pourquoi il a choisi de se conformer aux idées des fascistes.

(E) *Point de vue différent*

Un Français qui est en faveur de la supériorité de certaines nations jette un coup d'oeil sur la politique internationale d'à présent. Quelles sont ses réactions? Comment justifie-t-il son point de vue?

(F) *Narration*

Vous êtes chargé par l'O.T.A.N. d'écrire un rapport concis sur la détérioration des relations entre la Russie et les Etats-Unis et sur le rapprochement des Chinois et des Américains. (Soulignez les événements cruciaux des vingt dernières années.) Vous devez aussi éclairer le rôle des pays de l'O.T.A.N. dans les jeux de la politique internationale.

(G) *La France et la politique internationale*

(1) *Traduisez en anglais*:

Une France qui maîtrise son futur

Pour faire face à la crise économique mondiale et aux menaces extérieures, la France a besoin d'avoir confiance en elle et en celui qui l'incarne.

Nous pouvons avoir confiance en nous : nous avons l'un des niveaux de vie les plus élevés du monde, nous sommes devenus le troisième pays exportateur, nous avons atteint dans les industries à haute technologie des résultats spectaculaires (nucléaire, aéronautique, domaine spatial, informatique, télécommunications, recherche médicale), notre système social est un des plus efficaces (garantie des risques maladie, vieillesse, chômage), notre culture demeure l'une des plus créatrices dans presque toutes ses expressions.

L'action internationale de Valéry Giscard d'Estaing est unanimement appréciée. Son souci de mettre sur pied un ordre économique plus juste, sa volonté de préserver le droit des peuples à disposer d'eux-mêmes, ses efforts en vue de construire une Europe démocratique lui assurent un rayonnement personnel incontestable et constituent pour la France un atout irremplaçable. Pour beaucoup de ceux qui aspirent à plus de liberté ou qui souhaitent préserver leur dignité d'homme, Valéry Giscard d'Estaing symbolise l'espoir.

Olivier Stirn, secrétaire d'Etat aux Affaires étrangères (1981): «Une France qui maîtrise son futur» (*Le Figaro*, janvier 1981)

(2) *Traduisez en français*:

'What's the point of developing our nuclear strike force, when we're just pawns in a grotesque chess-game?' This is probably the question that is most often asked in the West today, particularly since the media are constantly reminding us of the reality of this situation.

Indeed, it is always the media that expose the aggressive foreign policy that lies behind much vague talk of détente broadcast by the world's politicians. This makes us think back to the thirties and the claims of the press at that time.

Yes, we have something to worry about, but in this respect we are no different to any previous civilisation. Although we fear the possibility of a nuclear holocaust, we don't suffer any more than our predecessors who must have feared dictatorships, invasions, corrupt monarchs, unfair laws, and so on and so forth.

The best thing for us to do is to stop complaining that we live in troubled times and to get on with living.

(H) *Débat*

La classe se divise en deux pour discuter la proposition suivante:

«Détente – mot désuet pour la plupart des nations»

(I) *Dissertation*

«La France, l'Angleterre et l'Allemagne ont-elles de quoi contribuer aux jeux de la politique internationale?» (300 à 350 mots)

4 Si jeunesse savait,

PROPOS

QUAND LES BEBES

En des temps très anciens, je me faisais une idée particulière du bonheur: il y aurait des fleurs, des livres, des lampes, et un bébé endormi dans un berceau.

Assez vite j'ai constaté que la réalité ne correspondait pas tout à fait à mes rêves: les bébés ne dorment pas toujours, ils déchirent les livres parfois et renversent les lampes. Et surtout ils grandissent vite; les voilà écoliers, adolescents, jeunes gens... Alors, de nouveau on construit le rêve idyllique: bébé endormi, fleurs, livres, lampes. Ce n'est plus le temps de l'espoir, c'est celui de la nostalgie.

C'est que, comme le disait ma grand-mère: **«Enfants petits, petits soucis; grands enfants, grands tourments».**

C'est aussi que, à cause des théories de toutes sortes sur l'éducation, de la vogue des psychologues de tout poil, sitôt qu'un enfant a dépassé l'âge des bouillies, ses pauvres parents se heurtent à trop de problèmes.

Comment doit-on se comporter avec ces jeunes êtres? Doit-on, respectant leur personnalité jusqu'à la démission, leur laisser la bride sur le cou? Ou bien, revenant aux méthodes d'un lointain passé, faut-il considérer que les enfants sont la propriété de leurs géniteurs, et exercer sur eux un pouvoir absolu? La dernière solution, heureusement, n'est plus praticable dans notre civilisation. L'avant-dernière semble la meilleure, sans que pourtant on en soit sûr. La première trouve des adeptes. Mais, de toute manière, quelle que soit la solution adoptée, il faut se dire qu'elle engendrera reproches et regrets.

En effet, de nos jours, les complexes naissent vite, il suffit d'un rien pour les faire lever, et les voilà qui se développent comme des champignons.

Ils peuvent naître de la tendresse comme de la rigueur. Tendres, vous risquez de faire régresser vos petits; sévères, vous les brisez. Parlez-vous à vos

par Suzanne PROU

ONT GRANDI

enfants de vos difficultés? Vous les aurez trop tôt mêlés à la vie des adultes, ils en seront troublés. Les tenez-vous loin de vos soucis? Ils se sentiront rejetés, ils demeureront immatures. Etes-vous des parents irréprochables selon la morale, menant une vie au-dessus de tout éloge? Vos enfants, face à l'image de la perfection que vous leur offrez, seront accablés, et faute de pouvoir égaler votre modèle, ils essaieront de le détruire tout en souffrant de leur reniement. Au contraire, si vous vous abandonnez à la médiocrité, ou pire, à des écarts de conduite, vos enfants seront déçus, ils ne cesseront de vous reprocher vos faiblesses, et toute leur vie ils supporteront la honte qu'ils auront un jour éprouvée à votre place.

Si votre couple est uni, vos enfants se sentiront exclus. Si vous vous battez en famille, ils seront traumatisés. Il en est ainsi de tout. Il faut que vous sachiez, parents, que de toute manière vous aurez tort. Quand vous l'aurez compris, peut-être serez-vous plus sereins: puisque vous êtes sûrs d'être coupables, autant ne pas vous mettre martel en tête. Péguy prétendait que les pères de famille étaient les aventuriers des temps modernes. A son époque, l'aventure consistait sans doute à mener à bon port de jeunes existences parmi les remous de la vie.

Aujourd'hui il faut que le timonier le sache: si son aventure est périlleuse, elle est aussi désespérée; de bon port il n'en est plus. Entre complexes et traumatismes, comme entre Charybde et Scylla, la navigation demeure impossible, le naufrage certain; à moins que le hasard ne jette le bâtiment sur quelque rivage propice; le hasard seul.

Comme ils sont charmants les bébés à la clarté douce des lampes, endormis dans leurs berceaux roses. Profitons de ce temps où ils ne posent pas encore d'insolubles problèmes.

(Ouest-France)

1 Rassemblement

(A) *Répondez aux questions suivantes*:

(1) Quelle conception du bonheur l'auteur avait-elle au préalable?
(2) Est-ce que son rêve est devenu la réalité?
(3) En quoi le deuxième rêve du bonheur est-il différent du premier?
(4) Que veut dire la «philosophie» de la grand-mère de l'auteur?
(5) Selon l'auteur, pourquoi les parents d'aujourd'hui ont-ils trop de problèmes avec leurs enfants?
(6) Que veut dire l'expression «l'âge des bouillies»?
(7) Décrivez brièvement les deux façons différentes dont les parents peuvent traiter leurs enfants.
(8) A en croire l'auteur, laquelle de ces façons est démodée?
(9) Selon Suzanne Prou, existe-t-il une solution au problème qui soit infaillible?
(10) A quoi l'auteur compare-t-elle les complexes? Que veut-elle dire par cette comparaison?
(11) Ces complexes ne sont-ils que la conséquence d'une attitude sévère?
(12) Dans quel dilemme les parents se trouvent-ils quand ils veulent encourager la maturité de leurs enfants?
(13) Qu'est-ce qui arrive quand les enfants sont placés devant une image de perfection morale?
(14) Et quelle est la réaction des enfants à la médiocrité?
(15) Selon l'auteur, lequel est meilleur – un couple uni ou deux gens qui se battent?
(16) Comment Péguy envisageait-il le rôle des pères de famille?
(17) Pourquoi le père de famille doit-il nécessairement échouer de nos jours?
(18) Expliquez la signification de l'expression «entre Charybde et Scylla».
(19) A la fin du passage qu'est-ce que l'auteur conseille aux parents de faire?
(20) «De toute manière vous aurez tort» – en quoi cette phrase représente-t-elle la morale de l'article?

(B) *Copiez et complétez le résumé de l'article*:

Rêve idyllique du bonheur:
Réalité amère:
Ce qui contribue au surcroît de problèmes:

Deux attitudes possibles envers les enfants:
L'efficacité ou non de ces attitudes:
Les attitudes donnent lieu aux complexes:
La nature de ces complexes:
Les problèmes de la moralité:
Le milieu familial:
Ce que les parents doivent accepter:
Idées de Péguy et application de nos jours:
Dernière observation résignée:

(C) *Copiez et étudiez les mots-clés et formules du passage*:

une idée particulière du bonheur
le rêve idyllique
Enfants petits, petits soucis; grands enfants, grands tourments.
Comment doit-on se comporter avec ces jeunes êtres?
les complexes naissent vite
de toute manière vous aurez tort
de bon port il n'en est plus
le hasard seul

(D) *Copiez et complétez les phrases suivantes*:

(1) Mais, – toute manière, quelle que – la solution adoptée, il faut se dire qu'elle – reproches et regrets.
(2) Parlez-vous – vos enfants – vos difficultés? Vous les – trop tôt – à la vie des adultes, ils – seront troublés.
(3) ...et – – pouvoir égaler votre modèle, ils essaieront – le détruire tout – – de leur reniement.
(4) – son époque, l'aventure consistait sans doute – mener à bon port – jeunes existences parmi les remous de la vie.
(5) ...à moins que – hasard – – le bâtiment sur quelque rivage propice.

(E) *Selon l'article, les phrases suivantes sont-elles vraies ou fausses?*

(1) L'auteur est en faveur d'une attitude sévère envers les enfants.
(2) Suzanne Prou a mis pas mal de temps à comprendre que sa conception du bonheur n'était qu'un rêve idyllique.
(3) Quelle que soit son attitude, on ne peut empêcher que les complexes se développent chez les adolescents.
(4) Selon l'auteur, les théories pédagogiques et psychologiques modernes ne font qu'aggraver la situation des parents.

(5) L'acte de détruire un modèle de perfection morale provient d'un sentiment de frustration chez les adolescents.

Maintenant divisez-vous en paires, inventez d'autres phrases vraies ou fausses relatives à l'article et échangez-les contre celles de la paire voisine, etc.

(F) *Trouvez et mémorisez les mots et expressions synonymes dans le passage* :

(1) vous **pouvez** faire régresser vos petits
(2) **devant** l'image de la perfection
(3) une idée **personnelle** du bonheur
(4) Comment doit-on **agir** avec ces jeunes gens?
(5) **dès qu**'un enfant a dépassé l'âge des bouillies
(6) **en tout cas** vous aurez tort
(7) des psychologues **de toute espèce**
(8) Péguy **affirmait** que
(9) **en raison des** théories
(10) les voilà qui **croissent** comme des champignons

(G) *Etudiez les définitions et exemples suivants* :

un éloge – une oraison qui célèbre quelque chose.
ex. **Son éloge funèbre était excellent.**

engendrer – produire (un enfant ou un sentiment).
ex. **Cela a engendré une grande indignation.**

se mettre martel en tête – expression qui veut dire «s'inquiéter».
ex. **Ne te mets pas martel en tête; il n'y aura pas de danger.**

endormi – qui est en train de dormir.
ex. **Elle est toujours à moitié endormie.**

idyllique – relatif à l'idylle, à une scène champêtre et à l'amour naïf et tendre, etc.
ex. **Cette peinture est vraiment idyllique.**

(H) *Complétez les définitions en cherchant les mots requis dans le passage et inventez une phrase dans laquelle vous vous servez du terme en question :*

(1) Tirer avantage de quelque chose, c'est ... de quelque chose.
ex.
(2) Le matelot qui tient la barre du gouvernail à bord d'un bateau s'appelle le ...
ex.
(3) Si l'on se sent écrasé par quelque chose, on est ...
ex.
(4) Le fait de renier quelque chose, c'est le ...
ex.
(5) Se livrer à quelque chose, c'est ... à quelque chose.
ex.

(I) *Trouvez les verbes a) au futur b) au futur antérieur dans le passage.*

Classifiez sous les catégories suivantes le vocabulaire pertinent dans le passage : (1) les substantifs qui commencent par un «h» aspiré
(2) les adverbes et locutions adverbiales

(J) *Trouvez les expressions françaises dans le passage dont la traduction anglaise est écrite ci-dessous :*

(1) Do we have to ... let them do what they like?
(2) ... whatever solution is adopted, you have to tell yourself that it will give rise to reproaches and regrets.
(3) If you are gentle, you are likely to make your children backward; if you are strict, then you crush them.
(4) ... if his journey is fraught with danger, then it's also fraught with despair – safe harbours are no more.
(5) If you are a close-knit couple, your children will feel left out. If you have family quarrels, they'll be psychologically disturbed.

(K) *Chez le psychologue*

Cherchez des termes utilisés dans le domaine de la psychologie dans des journaux et livres français. Divisez-vous en paires; chaque paire doit présenter un dialogue entre un psychologue scolaire épris de la terminologie et un adolescent qui passe par une étape difficile et qui interrompt le psychologue pour lui faire expliquer les termes dont il se sert.

2 Triage et application

(A) *Créez une phrase en utilisant les termes suivants :*

ex. rêve, comprendre, réalité, idyllique

➤ **A mesure qu'on grandit, on comprend que les rêves idylliques de sa jeunesse ne correspondent pas à la réalité.**

(1) adolescent, se heurter à, adulte, problème
(2) psychologue, théorie, difficulté, vie
(3) modèle, essayer, praticable, parents
(4) nostalgie, grand-mère, espoir, naître

(Le choix des formes et des temps est à vous.)

(B) *Copiez et complétez le tableau ci-dessous :*

tendre	—	la tendresse
sévère	—	
	—	la rigueur
coupable	—	
charmant	—	
	—	la clarté
	—	la médiocrité
serein	—	
immature	—	
rejeté	—	
	—	le bonheur
désespéré	—	

Trouvez les verbes à l'origine de ces mots :

solution	bouillie	navigation	uni	perfection
berceau	exclu	remou	éloge	déçu

Les substantifs suivants sont-ils masculins ou féminins?

problème	espoir	reproche	morale	rêve
complexe	image	méthode	modèle	conduite

(C) *Trouvez la définition correcte de chacun des mots en marge*:

(1)	une très grande douleur physique ou souffrance morale	**géniteur**
(2)	une inquiétude ou angoisse causée par les préoccupations de l'esprit	**constater**
(3)	une personne qui a engendré d'autres personnes	**passé**
(4)	une personne ou un animal qui engendre	**époque**
(5)	se rendre compte de quelque chose par expérience	**souci**
(6)	appréhender par la connaissance	**parent**
(7)	une période historique	**tourment**
(8)	ce qui a été, relativement au moment présent	**comprendre**

(D) *Consultez un dictionnaire pour trouver et mémoriser des expressions idiomatiques françaises qui contiennent les mots suivants*:

(1) autant (2) bon (3) remou (4) écolier (5) cou (6) image (7) berceau (8) mener (9) se battre (10) rigueur

(E) *En consultant (G) de la première section de ce chapitre (à la page 54), définissez les mots et termes suivants*:

(1) un psychologue (2) adepte (3) dépasser
(4) un écolier (5) propice (6) troublé

(F) *Antonymes et synonymes*

(1) *Donnez le contraire des mots suivants*:

construire	grandir	lointain
moderne	insoluble	respecter

(2) *Trouvez un synonyme aux termes suivants*:

tout à fait	demeurer	briser
parfois	une sorte	de nos jours

(G) *De part et d'autre de la Manche . . .*

Comparez les activités typiques, les droits et les obligations des adolescents français et anglais (distractions, éducation, indépendance, service militaire, etc.).

Adieu, mes quinze ans!

Notez les objets, les activités et les pensées qui évoquent la nostalgie pour vous. Comparez-les aux idées et objets qui évoquent la nostalgie pour une personne beaucoup plus âgée.

(H) *Conjuguez dans l'ordre indiqué par les flèches*:

Présent ➔ passé composé ➔ plus-que-parfait ➔ imparfait ➔ passé simple ➔ futur ➔ conditionnel.

(1) **naître** vite (les idées)
(2) **se battre** en famille (nous)
(3) **mener** une vie au-dessus de tout éloge (elle)
(4) **offrir** une image de perfection (vous)

Choisissez le temps et la forme corrects:

(1) Jean-Paul Sartre . . . en 1905 et mourut en 1980. (naître)
(2) S'ils avaient été plus forts, ils . . . jusqu'à l'outrance. (se battre)
(3) Quand elle . . . une vie plus indépendante, elle sera plus contente. (mener)
(4) Je lui parlerai de tout cela dès que je lui . . . ce cadeau. (offrir)

(I) *Suivant le modèle, complétez les réponses et traduisez-les en anglais*:

Modèle Q: On a plus de problèmes avec les adolescents, n'est-ce pas?
R: Oui, comme **le** disait ma grand-mère.

(1) Q: Le conflit des générations est évident partout dans le monde, n'est-ce pas?
R: Oui, je . . . sais.
(2) Q: Mais il ne nous avait pas dit qu'il avait eu du mal à accepter la situation.
R: Mais si, il nous . . . avait bien dit.
(3) Q: Vous allez vous occuper des enfants?
R: Oui, si vous . . . voulez.
(4) Q: Il préfère être livré à lui-même, n'est-ce pas?
R: Oui, je . . . crois.

(J) *Suivant le modèle, répondez aux questions ci-dessous*:

Modèle Q: Il n'a pas encore téléphoné?
R: Peut-être **va-t-il** téléphoner demain.

(1) Q: Elle n'est pas encore revenue?
R: Sans doute . . . revenir demain.

(2) Q: Il n'est pas du tout raisonnable. Que dis-tu à son sujet?
R: Du moins ... décidé de rentrer à l'école.
(3) Q: Il tarde à venir, hein?
R: En vain ... essayer de nous rattraper maintenant.
(4) Q: Et la maison a pris feu?
R: Oui, mais toujours ... restée dans le bâtiment brûlant.
(5) Q: On le trouve trop rétif, n'est-ce pas?
R: Aussi ... l'envoyer consulter le psychologue scolaire.

(K) *Suivant les modèles, récrivez les phrases ci-dessous*:

Modèle 1 Q: Tu penses souvent à ta jeunesse?
R: Oui, **j'y pense souvent.**
Modèle 2 Q: Elle était troublée de ces différends?
R: Oui, **elle en était troublée.**

(1) Q: Tu te souviens de ces cours de français?
R: Oui, ...
(2) Q: Il s'attend à recevoir de bons résultats?
R: Oui,...
(3) Q: Ils se sont saisis de la ville?
R: Oui, ...
(4) Q: Il est content de sa réussite?
R: Oui, ...
(5) Q: Il avait renoncé à tous ses vices?
R: Oui, ...
(6) Q: Les élèves se sont emparés de l'école?
R: Oui, ...
(7) Q: Il s'intéresse à la psychologie?
R: Oui, ...
(8) Q: Elle se doutait de ton infidélité?
R: Oui, ...
(9) Q: Elle a profité de mon absence?
R: Oui, ...
(10) Q: Ils ont résisté à cette tentation?
R: Oui, ...

(L) *Mettez «de» ou «des» dans les phrases suivantes*:

(1) On a ... bons rapports avec les professeurs à ce C.E.S.
(2) On a toujours eu ... cours intéressants.
(3) Je ne voudrais pas travailler avec ... jeunes gens.
(4) Ce sont ... grandes dupes que ces gens-là.
(5) Comme repas on nous a servi ... petits pois.

(M) *Complétez les phrases suivantes* :

(1) Pas d'argent pour payer le loyer? Il faut que nous ... à la cloche de bois! (partir)
(2) Il lui tâte le pouls sans qu'elle ... connaissance. (reprendre)
(3) Tu devras lui passer un coup de fil lundi à moins que tu ... une lettre avant le week-end. (recevoir)
(4) Je veux quitter la grange sans qu'ils m' ... (entendre)
(5) Il faut que j'... plus de temps si tu veux que je le ... bien. (avoir / faire)
(6) Ils vont me fusiller à moins que je ... les convaincre que je ne suis pas coupable. (pouvoir)

(N) *Suivant le modèle, répondez aux questions ci-dessous* :

Modèle Q: Il y a bien des théories sur l'éducation, n'est-ce pas?
R: Oui, mais **quelle que soit** la théorie adoptée, elle entraînera toujours des problèmes.

(1) Q: L'éventail politique nous offre un plus grand choix maintenant, n'est-ce pas?
R: Oui, mais ... le parti politique au pouvoir, le creux économique existera à perpétuité.
(2) Q: Les enfants sont plus mûrs de nos jours, n'est-ce pas?
R: Oui, mais ... la maturité de l'enfant, il n'en entrera pas moins dans cet âge ingrat.
(3) Q: Les psychologues sont toujours bien aimables, n'est-ce pas?
R: Oui, mais ... le psychologue consulté, les gens auront toujours des problèmes.
(4) Q: Les opinions du proviseur sont très raisonnables, n'est-ce pas?
R: Oui, mais ... ses opinions, il aura de la peine à surmonter les difficultés.
(5) Q: Les médicaments qu'on lui donne maintenant sont plus faibles, n'est-ce pas?
R: Oui, mais ... les médicaments qu'on lui prescrive, il devrait toujours consulter la posologie et le mode d'emploi.

(O) *Durant une présentation des* Dossiers de l'Ecran *on a noté les réponses des enfants qui ont participé au débat, mais on a perdu les questions. Fournissez les questions perdues* :

(1) «Devenir adulte, c'est devenir monotone.»

(2) «Oh! elle est tellement contente quand je suis pas à la maison; je la débarrasse quand je suis dehors.»
(3) «Parce que je ne veux pas les déranger.»
(4) «Oui, mais ils s'arrangent pour me démontrer que les leurs sont les meilleurs.»
(5) «Oui, je voudrais être hôtesse de l'air, mais eux, ils ne sont pas d'accord.»
(6) «Tout ce qui les intéresse, c'est que plus tard je gagne de l'argent.»
(7) «J'y vais pour leur faire plaisir; c'est tout.»

(P) *Moins de vingt ans ou moins de vingt dents?*

Cherchez des termes et des sigles qui sont particuliers à l'argot des adolescents et relatifs au conflit des générations. Circulez ces mots et expressions et essayez de deviner la signification des termes notés par vos collègues.
(ex. les B.P.L.C. / son et lumière / croulants / renvoyer l'ascenseur)

3 Assimilation

(A) *Résumé*

Résumez les septième et huitième paragraphes (260 mots) en 75 mots.
OU
Récrivez l'article sous forme d'une courte interview entre Suzanne Prou et un psychologue scolaire.

(B) *Expansion*

Traduisez en quelques courtes phrases:

Ce soir à 19h: **A Vous la Parole** (France Inter)

Débat: **Parents et enfants: bonne communication ou dialogue de sourds?**

Avec la participation de *Pierre Grobin*, psychologue scolaire
Marie Chinou, assistante sociale
quatre parents, et une dizaine d'enfants âgés de 8 à 15 ans

(C) *Expansion orale*

Divisez-vous en paires. Chaque paire doit présenter un dialogue improvisé entre un médecin général et une femme d'un certain âge, mère de deux adolescents rebelles et récalcitrants.

(D) *Nouvelle situation*

On invite Suzanne Prou à parler sur les rapports parents-enfants à une maison de la culture. En plein milieu de son discours une femme au premier rang saute sur ses pieds, l'interrompt et commence à décrire la bonne ambiance qui existe chez elle et à tourner les observations de Suzanne Prou en dérision. Ecrivez le dialogue qui se produit.

(E) *Point de vue différent*

(1) Ecrivez un dialogue entre un enfant rebelle et un enfant «docile» qui s'entretiennent de la famille et du milieu familial.

OU

(2) On vous dit d'écrire les dix choses que vous aimez le plus chez votre famille et les dix choses que vous détestez le plus . . .

(F) *Narration*

Vous êtes le présentateur et «président de séance» de l'émission à la radio mentionnée dans section (B). Ecrivez le schéma du débat que vous espérez préserver!

OU

Ecrivez un poème de protestation (ou d'appréciation) sur la vie familiale.

(G) *Le conflit des générations*

(1) *Traduisez en anglais*:

Jean-Paul Sartre sur l'affection

Dans la lutte des générations, enfants et vieillards font souvent cause commune: les uns rendent les oracles, les autres les déchiffrent. La Nature parle et l'expérience traduit: les adultes n'ont plus qu'à la boucler. A défaut d'enfant, qu'on prenne un caniche: au cimetière des chiens, l'an dernier, dans le discours tremblant qui se poursuit de tombe en tombe, j'ai reconnu les maximes de mon grand-père: les chiens savent aimer; ils sont plus tendres que les hommes, plus fidèles; ils ont du tact, un instinct sans défaut qui leur permet de reconnaître le Bien, de distinguer les bons des méchants. «Polonius, disait une inconsolée, tu es meilleur que je ne suis: tu ne m'aurais pas survécu; je te survis.» Un ami américain m'accompagnait: outré, il donna un coup de pied à un chien de ciment et lui cassa l'oreille. Il avait raison: quand on aime *trop* les enfants et les bêtes, on les aime contre les hommes.

Jean-Paul Sartre : *Les Mots* (Gallimard, 1964)

(2) *Traduisez en français*:

After all, she had had a happy childhood – or had she? Whenever she thought about it, she felt decidedly unsure about what a happy childhood really was.

She was born in London, brought up in Paris and had enjoyed the benefits of a renowned family name and a splendid family home, and that constituted a happy childhood: at least she had thought so at the time. Now that she had left the comfortable surroundings of old and had embarked on some interesting trips abroad, she felt detached from her early life and she realised that she had lacked something very important. . .

"Perhaps I was born with a silver spoon in my mouth (*être né coiffé*)," she mused, "but I was unhappy nonetheless. Whatever your family background, you need the love of a mother and father, and that's what I didn't have. I'll look for a husband, have lots of children, and when I'm old they'll visit me and comfort me. I'll never be lonely, and I'll always know that I've done my best for them."

Thus a new goal in life was found, and one that she still pursues today, unless I am mistaken.

(H) *Débat*

La classe se divise en deux pour discuter la proposition suivante:

«Les générations de la famille – un gouffre qui s'élargit sans cesse»

(I) *Dissertation*

«Le conflit des générations: pourquoi existe-t-il et comment peut-on éviter d'accentuer la rupture?» (300 à 350 mots)

5 Loin des yeux,

ENFANT DU TIERS-MONDE: «J'ai neuf ans, vis seul, vends du chewing-gum et dors dans une station-service»

NATIONS UNIES – Les chiffres sont sans pitié. Dans les zones sous-développées du globe, 15% des enfants meurent avant l'âge d'un an. Sur les 85 qui survivent, 17 auront des problèmes de nutrition au cours du sevrage, période au cours de laquelle le taux de mortalité est de 30 à 40 fois supérieur à celui des pays riches. Le taux de mortalité chez les enfants mal nourris du Tiers-Monde est, en cas de rougeole, 400 fois supérieur à celui d'un pays industrialisé. Six enfants sur dix âgés de six ans vont à l'école. Moins de quatre sur dix terminent l'école.

Les chiffres sont sans pitié. Pourtant ils ont un visage, une multitude de visages. Le rapport, que l'U.N.I.C.E.F. vient de publier sur les enfants du Tiers-Monde, ose donner à ces chiffres leurs visages:

Kweku, 9 ans, d'Afrique occidentale: «**Beaucoup de gens disent que je suis un petit garçon. Mais je vis seul. Je travaille en vendant des chewing-gums devant le cinéma. Je ne vais pas à l'école parce que je n'ai pas d'argent. Ma mère est morte quand je suis venu au monde. Mon père, personne ne sait. Aujourd'hui, j'ai l'âge de travailler. Je n'ai pas de maison pour dormir. Je dors dans une station-service. Ne prenez pas de photos, je ne veux pas qu'on me voie sale**».

Keshar, 9 ans, petite fille indienne, fouille les poubelles à la recherche de vieux métaux et de vieux papiers qu'elle revend. Elle préférerait aller à l'école: «**J'aime voir les petites filles aller à l'école avec des livres. Je ne sais pourquoi, je voudrais aller avec elles**».

loin du coeur

Pas d'eau potable pour plus d'un milliard d'hommes!

Problème numéro un: l'alimentation. Dix millions de jeunes enfants manquent de protéines, et les trois quarts en meurent avant l'âge de cinq ans.

Pour les nourrissons, l'alimentation artificielle, de plus en plus fréquente, expose à de nouveaux risques: eau contaminée, non-stérilisation des biberons, dose insuffisante de lait en poudre.

En 1974, note le rapport, «**un dixième des céréales utilisées pour nourrir le bétail de l'hémisphère Nord aurait suffi pour compenser le manque à gagner de cette année**». En Amérique latine et aux Antilles, la moitié des terres agricoles sont consacrées à des cultures destinées à l'exportation ou à la nourriture animale.

La diarrhée tue les enfants du Tiers-Monde, parce que l'eau est soit contaminée, soit insuffisante. Si chaque famille disposait de suffisamment d'eau, les maladies infectieuses seraient réduites de 80%. Actuellement, 1,2 milliard de gens ne disposent pas dans le Tiers-Monde d'eau potable et 1,4 milliard n'ont pas de sanitaires pour éliminer leurs déchets.

Avec 10 F par personne...

Si l'on dépensait l'équivalent de 47 milliards de F chaque année dans le monde jusqu'en 1990, le monde entier disposerait d'eau potable et de sanitaires. Ce chiffre est à comparer aux 410 milliards de F dépensés chaque année dans le monde industrialisé pour les boissons alcoolisées...

Avec moins de 10 F par personne, on peut améliorer considérablement l'hygiène des enfants du Tiers-Monde. Or, actuellement, 80% de l'argent dépensé pour des actions sanitaires va à des hôpitaux, lesquels, presque toujours situés dans les villes, ne concernent que 20% de la population!

Côté logement: 33% de la population vit en bidonvilles à Calcutta et à Nairobi, 38% à Lusaka (Zambie), 46% à Mexico, 90% à Addis-Abeba! Au Pakistan, 60% de la population vit à trois dans une seule pièce (55% au Mexique, 45% en Iran, 35% aux Philippines).

U.N.I.C.E.F. – France: 35, rue Félicien-David, 75781, Paris-Cédex 16. C.C.P. 19.921.76, Paris. Tél. 224.13.93.

(Ouest-France)

1 Rassemblement

(A) *Répondez aux questions suivantes*:

(1) Quel est le taux de mortalité chez les enfants âgés de moins de douze mois dans le Tiers-Monde?
(2) Quels seront les problèmes pour un certain nombre de ceux qui survivent?
(3) En moyenne, combien d'enfants âgés de six ans vont à l'école et combien la terminent?
(4) De quel rapport parle-t-on dans cet article?
(5) Kweku est de quelle nationalité?
(6) Pourquoi vit-il tout seul?
(7) Comment gagne-t-il à vivre?
(8) Pourquoi ne veut-il pas qu'on prenne des photos?
(9) D'où vient Keshar?
(10) Pourquoi fouille-t-elle les poubelles?
(11) Est-elle contente de cette façon de vivre?
Qu'est-ce qu'elle aimerait mieux faire?
(12) Quel est le problème essentiel pour les enfants des zones sous-développées du monde?
(13) Quels sont les risques que les bébés du Tiers-Monde sont obligés de courir?
(14) En quoi l'exploitation des terres agricoles en Amérique latine et aux Antilles représente-t-elle une ironie amère?
(15) De quelle manière les maladies infectieuses pourraient-elles être réduites de 80%?
(16) L'eau potable est-elle abondante dans le Tiers-Monde?
Et les sanitaires?
(17) Combien devrait-on dépenser jusqu'en 1990 si l'on voulait avoir de l'eau potable et des sanitaires partout dans le monde?
(18) A votre avis, qu'est-ce qu'on implique en notant les 410 milliards de francs dépensés chaque année dans le monde industrialisé pour l'alcool?
(19) Pourquoi la distribution de l'argent destiné aux actions sanitaires n'est-elle pas tout à fait satisfaisante?
(20) Dans quels pays cités dans l'article est-ce que plus de la moitié des habitants vivent à trois dans une seule pièce?

(B) *Copiez et complétez le résumé de l'article*:

Misère des enfants:
Taux de mortalité:

Rapport de l'U.N.I.C.E.F.
– Kweku (nationalité/façon de vivre):
– Keshar (,, / ,, ,, ,,):
L'alimentation:
L'eau et les sanitaires:
Les dépenses nécessaires:
La distribution de l'argent:
La croissance des bidonvilles:

(C) *Copiez et étudiez les mots-clés et formules du passage*:

chiffres – sans pitié
une multitude de visages
Problème numéro un: l'alimentation.
Pas d'eau potable pour plus d'un milliard d'hommes!
moins de 10 F par personne
les hôpitaux – ne concernent que 20% de la population
Côté logement . . .

(D) *Copiez et complétez les phrases suivantes*:

(1) . . . période au cours de – le taux de mortalité est de 30 à 40 fois supérieur à – des pays riches.
(2) «Ne prenez pas – photos, je ne veux pas qu'on me – sale.»
(3) Keshar, 9 ans, – – indienne, fouille les poubelles – la recherche – vieux métaux et – vieux papiers qu'elle revend.
(4) – Pakistan, 60% de la population vit – trois dans une seule pièce (55% – Mexique, 45% – Iran, 35% – Philippines).
(5) Six enfants – dix âgés – six ans vont à l'école. Moins – quatre – dix terminent l'école.

(E) *Selon l'article, les phrases suivantes sont-elles vraies ou fausses?*

(1) Pas plus de 40% des enfants dans le Tiers-Monde ne terminent l'école.
(2) Le rapport de l'U.N.I.C.E.F. existait depuis longtemps quand on a écrit cet article.
(3) L'alimentation artificielle pour les nourrissons est très rare dans le Tiers-Monde.
(4) Le problème des bidonvilles est le plus manifeste en Afghanistan.

(5) Le manque de céréales en 1974 dans le Tiers-Monde correspondait à 10% des céréales destinées au bétail de l'hémisphère Nord.

Maintenant divisez-vous en paires, inventez d'autres phrases vraies ou fausses relatives à l'article et échangez-les contre celles de la paire suivante, etc.

(F) *Trouvez et mémorisez les mots et expressions synonymes dans le passage*:

(1) **Ou** l'eau est contaminée, **ou** elle est insuffisante.
(2) **en quête de** vieux métaux
(3) pour **évacuer** leurs déchets
(4) or, **à present,** 80% de l'argent dépensé
(5) dix millions de jeunes enfants **n'ont pas assez de** protéines
(6) Problème numéro un: **le ravitaillement.**
(7) on peut **rendre** considérablement **meilleure** l'hygiène
(8) Moins de quatre sur dix **finissent** l'école.
(9) si chaque famille disposait d'**assez d'**eau
(10) quand je **suis né**

(G) *Etudiez les définitions et exemples suivants*:

le sevrage – l'acte de cesser progressivement d'alimenter en lait un enfant, pour donner une nourriture plus solide.
ex. **Je vous conseille le sevrage après 10 mois de lait.**

compenser – réparer un effet par un autre.
ex. **Pour compenser je l'ai emmené au cinéma.**

le bétail – terme attribué aux animaux élevés et entretenus pour la production agricole.
ex. **L'incendie a tué tout son gros bétail.**

artificiel (le) – qui est fabriqué par l'homme et non par la nature.
ex. **On a fait construire un lac artificiel dans le parc.**

les déchets – résidu qu'on ne peut utiliser et qui est généralement sale.
ex. **Ce qu'on craint le plus à l'égard des centrales nucléaires, ce sont les déchets radioactifs.**

(H) *Complétez les définitions en cherchant les mots requis dans le passage et inventez une phrase dans laquelle vous vous servez du terme en question*:

(1) Une agglomération de baraques sans sanitaires ni électricité où l'on trouve la population indigente d'un pays s'appelle un . . .
ex.

(2) . . . un champ à la culture des céréales, c'est le destiner aux céréales.
ex.

(3) Etre . . . à quelqu'un, c'est être au-dessus de quelqu'un.
ex.

(4) Avoir la possession d'une voiture, c'est . . . d'une voiture.
ex.

(5) Une région qui dépend beaucoup de son industrie est une région . . .
ex.

(I) *Trouvez les verbes suivis directement d'un infinitif dans le passage. Classifiez sous les catégories suivantes le vocabulaire pertinent dans le passage*: (1) les mots composés
(2) les expressions de quantité

(J) *Trouvez les expressions françaises dans le passage dont la traduction anglaise est écrite ci-dessous*:

(1) . . . a period during which the death rate is 30 to 40 times higher than that of the wealthy countries.
(2) "My work is selling chewing-gum outside the cinema."
(3) 10 million young children are lacking in proteins and three-quarters of them die as a result before the age of five.
(4) . . . crops meant for export or for animal fodder.

(K) *Cours de géographie*

La classe se divise en deux équipes. Chaque équipe, ayant trouvé les données relatives aux conditions actuelles dans un certain nombre de pays du Tiers-Monde, doit interroger ses adversaires sur la géographie, la démographie, les matières premières, les pénuries et le taux de mortalité (etc.) de chaque pays. La classe peut ainsi élaborer un tableau contenant les données pertinentes.

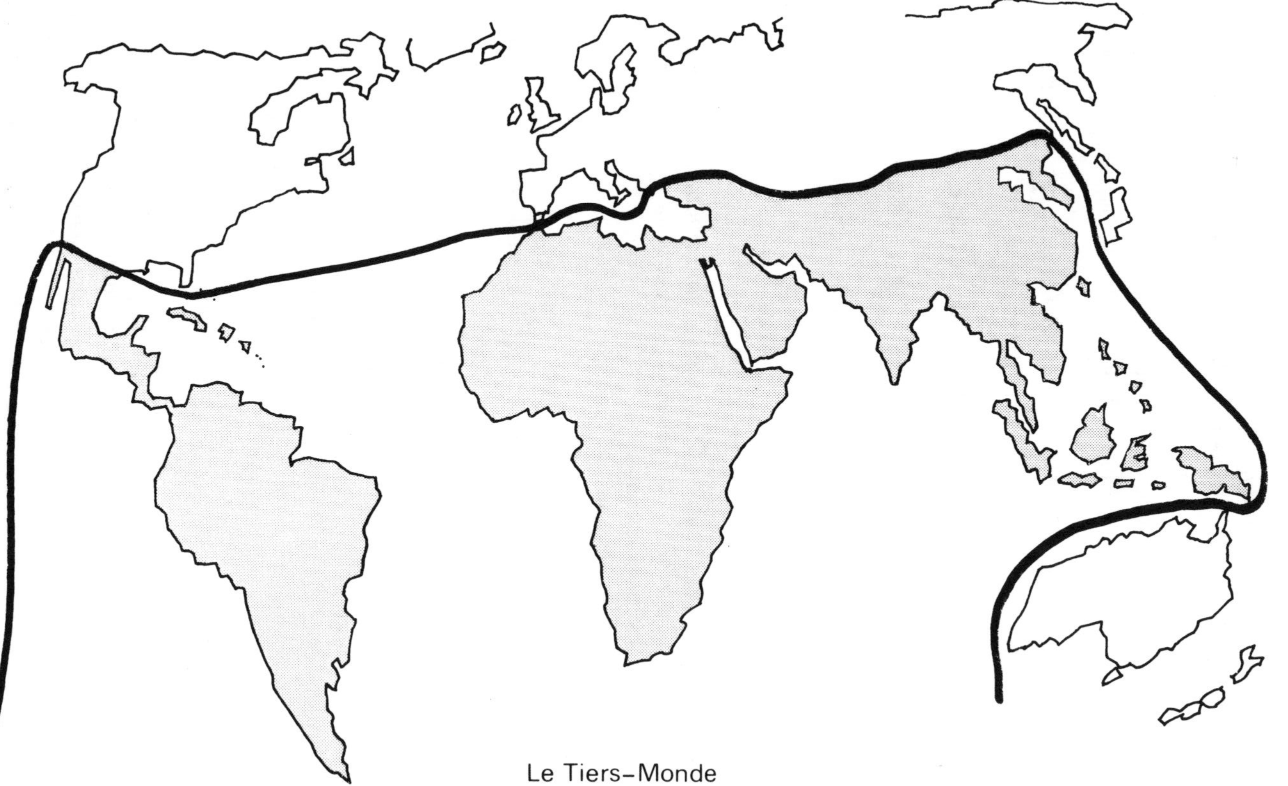

Le Tiers-Monde

2 Triage et application

(A) *Créez une phrase en utilisant les termes suivants*:

ex. hygiène, logement, manque, bidonville
➔ **Le manque de logement oblige les gens indigents à vivre en bidonvilles où l'hygiène laisse beaucoup à désirer.**
(1) destiner, sous-développé, nutrition, exportation
(2) potable, or, contaminer, stérilisation
(3) occidental, boisson alcoolisée, industrialisé, suffire
(4) multitude, survivre, problème, globe

(Le choix des formes et des temps est à vous.)

(B) *Copiez et complétez le tableau ci-dessous*:

publier	publication	
	rapport	
		exportateur
compenser		—
	culture	
utiliser		
éliminer		—
revendre		revendeur

Trouvez les verbes à l'origine de ces mots:
survivant nourriture réduction alimentation
sevrage mortalité logement

Ecrivez au pluriel:
un métal un hôpital une station-service
une céréale un animal

(C) *Trouvez la définition correcte de chacun des mots en marge*:

(1) chacune des deux moitiés du globe terrestre **les Antilles**

(2)	chacune des cinq parties de la sphère terrestre	**milliard**
(3)	une grande quantité: mille fois mille	**zone**
(4)	une quantité immense: mille fois mille fois mille	**les Philippines**
(5)	îles tropicales dont les anciens indigènes s'appelaient les Caraïbes	**million**
(6)	îles souvent montagneuses et volcaniques qui furent colonisées par les Espagnols en 1565	**hémisphère**

(D) *Consultez un dictionnaire pour trouver et mémoriser des expressions idiomatiques françaises qui contiennent les mots suivants*:

1) manque 2) vivre 3) soit 4) voir 5) moins
6) quatre 7) eau 8) pays 9) monde 10) école

(E) *En consultant (G) de la première section de ce chapitre (à la page 68), définissez les mots et termes suivants*:

1) un biberon 2) une station-service 3) agricole
4) infectieux 5) exposer

(F) *Antonymes et synonymes*

(1) *Donnez le contraire des mots suivants*:

suffisant	artificiel	occidental	la mortalité
réduire	nourrir	améliorer	

(2) *Trouvez un synonyme aux termes suivants*:

pourtant	un risque	utiliser	considérablement
noter	la pitié	une période	

(G) *A bon sociologue, salut!*

Tout le monde dans la classe cherche un certain nombre de termes sociologiques français dans des journaux et livres français. La classe se divise en deux équipes; c'est à chaque équipe de deviner la signification des termes offerts par les adversaires.
(ex. décagenaire / insertion / sociogramme / déchéance)

(H) *Conjuguez dans l'ordre indiqué par les flèches*:

Présent ➤ passé composé ➤ plus-que-parfait ➤ imparfait ➤ passé simple ➤ futur ➤ conditionnel.

(1) **aller** à des hôpitaux (il)
(2) **mourir** avant l'âge d'un an (ils)
(3) **dormir** dans une station-service (nous)
(4) **préférer** aller à l'école (je)
(5) **vivre** en bidonvilles (elles)

Choisissez le temps et la forme corrects:

(1) Jadis, l'argent ... toujours à des hôpitaux en construction. (aller)
(2) Chaque fois que je regarde sa photo je me rappelle que le pauvre petit ... avant l'âge d'un an. (mourir)
(3) Si nous ne trouvons pas d'hôtel, nous ... à la belle étoile. (dormir)
(4) Passer la journée à regarder la télé? Je ... travailler à l'école! (préférer)
(5) Ils arrivèrent à Nairobi, perdirent tout leur argent et ... dans un petit bidonville pendant six mois. (vivre)

(I) *Transformez les phrases en suivant les modèles*:

Modèle 1 Q: On exporte 10% des céréales, n'est-ce pas?
R: **Oui, on en exporte un dixième.**
Modèle 2 Q: On exporte 50% des produits agricoles, n'est-ce pas?
R: **Oui, on en exporte la moitié.**

(1) Q: On élimine 20% des déchets, n'est-ce pas?
R: Oui, ...
(2) Q: On nourrit 75% de la population, n'est-ce pas?
R: Oui, ...
(3) Q: On guérit 12,5% des malades, n'est-ce pas?
R: Oui, ...
(4) Q: On tue 25% du bétail, n'est-ce pas?
R: Oui, ...
(5) Q: On revend 80% des denrées, n'est-ce pas?
R: Oui, ...

(J) *Vous participez à une interview télévisée en faveur du désarmement et d'une augmentation d'aide financière au Tiers-Monde. Suivant le modèle ci-dessous, répondez aux questions qu'un journaliste vous pose:*

Modèle Q: Est-ce qu'il est vrai qu'environ cent enfants meurent chaque jour à Nairobi?
R: **Oui, une centaine de jeunes enfants y meurent chaque jour.**

(1) Q: Est-ce qu'il est vrai qu'environ mille gens sont licenciés chaque jour à Mexico?
R: Oui, . . .

(2) Q: Est-ce qu'il est vrai qu'environ cinquante bidonvilles ont été détruits à Addis-Abeba?
R: Oui, . . .

(3) Q: Est-ce qu'il est vrai qu'environ vingt citoyens ont été abattus à Calcutta?
R: Oui, . . .

(4) Q: Est-ce qu'il est vrai qu'environ douze prêtres catholiques ont été arrêtés aux Philippines?
R: Oui, . . .

(5) Q: Est-ce qu'il est vrai qu'on gaspille mille millions de livres par semaine dans le monde occidental?
R: Oui, . . .

(K) *Suivant le modèle, complétez les phrases ci-dessous en ajoutant la forme correcte de «lequel», «laquelle» etc.*

Modèle Q: Tu te rappelles cette conférence?
R: Oui, c'est la conférence au cours **de laquelle** on a préparé la manif!

(1) Q: Tu te rappelles ce parc?
R: Oui, c'est le parc au milieu . . . il y a un petit lac.

(2) Q: Tu te rappelles cette journée?
R: Oui, c'est la journée pendant . . . on a rencontré le nouveau propriétaire du château.

(3) Q: Tu te rappelles ces champs?
R: Oui, ce sont les champs en face . . . nous habitions.

(4) Q: Tu te rappelles ce voyage?
R: Oui, c'est le voyage durant . . . tu as été très malade.

(5) Q: Tu te rappelles ces chaumières?
R: Oui, ce sont les chaumières à côté . . . on voyait le grand moulin.

Suivant le modèle, répondez aux questions ci-dessous:

Modèle Q: Tu dis que tu vas emprunter un camion. Lequel?
R: **Celui qui** est dans le garage.

(1) Q: Tu dis que tu vas acheter une voiture. Laquelle?
R: . . . est à vendre dans notre rue.
(2) Q: Tu dis que tu vas inviter des jeunes gens à la boum. Lesquels?
R: . . . habitent au-dessus du bistro.
(3) Q: Tu dis que tu vas arracher des mauvaises herbes. Lesquelles?
R: . . . poussent dans le jardin potager.
(4) Q: Tu dis que tu vas démolir un mur. Lequel?
R: . . . est derrière le hangar.

Insérez la préposition ou le pronom correct:

(1) C'est celui . . . Pierre.
(2) C'est celle . . . j'ai vue hier.
(3) Ce sont ceux . . . vont à l'université.
(4) Ce sont celles . . . je connais depuis longtemps.
(5) C'est celui . . . nous écrit tous les trois mois.

(L) *Complétez les phrases suivantes*:

(1) Si l'on dépensait moins d'argent dans le monde occidental, on . . . envoyer plus d'alimentation artificielle au Tiers-Monde. (pouvoir)
(2) S'il refuse de le faire, je . . . sur-le-champ. (démissionner)
(3) Si nous . . . plus d'argent, nous aurions aidé plus de pays sous-développés. (envoyer)
(4) S'ils . . . des sanitaires, ils amélioreront considérablement l'hygiène des bidonvilles. (installer)
(5) Si vous . . . quelque temps dans un pays du Tiers-Monde, vous seriez plus compatissant envers les gens indigents. (passer)
(6) Si le gouvernement de ce pays avait entraîné plus d'ouvriers qualifiés, il . . . plus de progrès dans ce domaine. (faire)
(7) Je voudrais bien vous aider, mais je . . . de faire banqueroute. (venir)
(8) Il aurait pu commencer à travailler à ce moment-là, mais il . . . de recevoir une nouvelle inquiétante. (venir)

(M) *Suivant le modèle, transformez les phrases ci-dessous*:

Modèle Q: La manière dont il travaille consiste à vendre des journaux, n'est-ce pas?
R: Oui, **il travaille en vendant des journaux.**

(1) Q: La manière dont ils existent consiste à manger des baies, n'est-ce pas?
R: Oui, . . .

(2) Q: La manière dont elle nous amuse consiste à raconter des histoires marseillaises, n'est-ce pas?
R: Oui, . . .

(3) Q: La manière dont nous demeurons toujours contents consiste à cultiver notre jardin, n'est-ce pas?
R: Oui, . . .

(4) Q: La manière dont on reste sportif consiste à s'entraîner tous les jours, n'est-ce pas?
R: Oui, . . .

(N) *Complétez les phrases suivantes*:

(1) Je ne veux pas qu'il . . . faillite. (faire)
(2) Elle ne veut pas que nous . . . avant trois heures. (venir)
(3) Ils ne veulent pas que vous les . . . comme ça. (voir)
(4) Tu ne veux pas qu'il en . . . les vraies causes, n'est-ce pas? (savoir)
(5) Il ne veut pas que vous . . . des boules de neige dans le jardin. (jeter)
(6) On ne veut pas que les pays du Tiers-Monde . . . négligés. (être)

(O) *Le rapport de l'U.N.I.C.E.F.*

Vous travaillez pour l'U.N.I.C.E.F. et vous êtes chargé d'interviewer Kweku et Keshar. En mettant «il a dit que . . .» ou «elle a dit que . . .» au commencement de chaque phrase, transformez le discours direct ci-dessous en discours indirect. (Remarquez bien qu'un changement de temps sera généralement nécessaire):

ex. Kweku: «J'ai toujours vécu ainsi.»
➔ (Rapport) **Il a dit qu'il avait toujours vécu ainsi.**
(1) Kweku: «Je ne suis jamais allé à l'école.»
(2) Keshar: «Jusqu'ici j'ai passé ma vie à fouiller les poubelles.»
(3) Kweku: «Je vis seul depuis longtemps.»
(4) Keshar: «Je ne pourrai jamais aller à l'école primaire.»
(5) Kweku: «Ma mère est morte il y a huit ans.»
(6) Keshar: «Je quitterai ces bas quartiers quand j'aurai assez d'argent.»

(7) Kweku: «Je ne veux pas qu'on me voie sale.»
(8) Keshar: «Je mènerai une vie tout à fait différente quand j'aurai quitté ce bidonville.»

3 Assimilation

(A) *Résumé*

Vous êtes chargé par l'U.N.I.C.E.F. de résumer les données et les statistiques citées dans cet article qui sont relatives aux conditions dans le Tiers-Monde. (Le résumé ne doit pas contenir plus de 150 mots.)

(B) *Expansion*

Examinez les propos de Kweku et de Keshar et utilisez-les pour faire une étude de caractère des deux enfants.

(C) *Expansion orale*

Divisez-vous en paires. Chaque paire doit présenter un dialogue improvisé entre les deux enfants, Kweku et Keshar, dans lequel ils comparent leur famille, leur façon de vivre, leurs aspirations, etc.

(D) *Nouvelle situation*

Un ami de Kweku, plus âgé que celui-ci, est adopté par une famille française. Sa nouvelle façon de vivre le fait penser à son ancienne existence en Afrique occidentale. Il écrit un petit poème sur l'Afrique et sur les sentiments provoqués par ses réflexions; écrivez ce poème.

(E) *Point de vue différent*

(1) Ecrivez un dialogue entre un jeune Français et un habitant d'un bidonville à Calcutta. (Concentrez-vous sur des questions de logement, de travail, de famille, d'espoirs, de crime etc.)

OU

(2) Ecrivez un dialogue entre un journaliste et un représentant de l'église catholique (ou protestante) sur le rôle de l'église chrétienne dans le Tiers-Monde.

(F) *Narration*

Vous avez été élu conseiller au gouvernement français pour l'aide financière au Tiers-Monde. Ecrivez le schéma de votre premier discours parlementaire dans lequel vous soulignez vos constatations et recommendations.

(G) *Le Tiers-Monde*

(1) *Traduisez en anglais*:

52 millions d'enfants travaillent dans le monde

Des millions d'enfants se sont émerveillés devant leurs jouets posés au pied de l'arbre de Noël, sans savoir qu'ils ont peut-être été fabriqués par d'autres enfants qui, eux, n'ont eu ni jouets ni Noël.

Cinquante-deux millions d'enfants de moins de quinze ans sont au travail dans le monde, dont plus de la moitié (29.000.000) en Asie méridionale, selon les estimations les plus récentes du B.I.T.

Dans beaucoup de pays en développement on considère encore l'enfant comme un capital qui doit être rentable le plus tôt possible. C'est là le noeud du problème, et on estime que, dans ces conditions, les remèdes légaux ne peuvent à eux seuls guérir un mal qui est également économique et culturel.

Il convient de faire comprendre que le travail des enfants n'est pas une fatalité économique et que l'enseignement généralisé est le meilleur moyen de leur assurer un avenir professionnel meilleur. On ne pourra pas pour autant abolir rapidement et totalement le travail des enfants car on doit tenir compte du cercle vicieux dans lequel sont enfermés beaucoup de pays: la pauvreté entraîne le travail des enfants qui, à son tour, aggrave le chômage, casse les salaires et rend les parents si misérables qu'ils doivent faire travailler leurs enfants pour survivre.

Le Figaro, décembre 1980: article sur le livre de Christiane Rimbaud intitulé *52 millions d'enfants au travail*

(2) *Traduisez en français*:

Well over a half of the world's population is living in conditions that can only be described as inadequate and unbearable, yet even these are euphemisms, together with 'underdeveloped', designed to whitewash the sad plight of the Third World nations.

There are two conflicting attitudes to the distribution of wealth – that of the predators, so as to speak, and that of the victims. The former feel that if God wanted a balance of wealth between East and West, he would establish it himself: on the other hand, the latter feel that their wretched lifestyle is either a divine punishment or an incomprehensible catastrophe, or occasionally they simply don't bother to question and scrape a few pence together by doing all sorts of vile jobs.

Hundreds of thousands of people in the Third World die each year – they don't want others to see them in their poverty, so they go and die in filthy hovels in the shanty towns as rejects of a so-called civilised world. Every now and then a vain promise is made to help the Third World: then at the slightest sign of economic recession, or sabre rattling (*les menaces de guerre*) by a major power, that promise is forgotten.

(H) *Débat*

La classe se divise en deux pour discuter la proposition suivante:

«Les pays du Tiers-Monde: pourquoi essayer de les aider vu qu'on ne peut rien faire?»

(I) *Dissertation*

«Le Tiers-Monde: sujet gênant pour un monde dit civilisé»

(300 à 350 mots)

POINT DE VUE

Le respect des droits

Nous sommes pour le respect des droits de l'homme d'une manière universelle: chaque fois qu'une violation de ces droits est portée à sa connaissance, la C.G.T. réagit quel que soit le pays où cela se produit car, en matière de défense des libertés, nous ne saurions admettre des critères de sélectivité.

Mais c'est par rapport à ce qui se passe dans notre propre pays que nous nous considérons particulièrement concernés et responsables. De ce point de vue, il est significatif que beaucoup de ceux qui entrent en transes à la moindre petite information – qui ne s'avère pas toujours fondée d'ailleurs, – d'atteinte à la démocratie dans tel ou tel pays socialiste observent un silence intégral vis-à-vis des nombreux cas d'agression contre les droits de l'homme dans notre propre pays.

Un numéro spécial du *Monde* ne suffirait pas pour citer tous les cas de racisme et de crimes impunis qu'il engendre.

Il en est de même en ce qui concerne le droit d'expression et la liberté d'information pluraliste, n'ayant en France qu'une existence formelle dans la mesure où les puissances d'argent et le pouvoir ont accaparé les principaux moyens de l'information. On le voit aujourd'hui avec la préparation des élections prud'homales: sans une vigoureuse campagne de la C.G.T., soutenue par des élus et autres personnalités que nous remercions, les organisations syndicales n'auraient même pas disposé du laps de temps parcimonieusement calculé en secondes par les radios et les télés.

Mais ce n'est pas tout; l'agression contre les droits de l'homme concerne aussi le droit de grève, le droit syndical, le droit au travail et la liberté d'opinion.

Dans ces circonstances de luttes syndicales intenses, chaque jour apporte son contingent de cas de violations du droit constitutionnel de

par GEORGES SEGUY Secrétaire général de la C.G.T.

de l'homme en France

grève par un patronat vindicatif et rétrograde. C'est par centaines que l'on compte les militants syndicaux, y compris des délégués élus, frappés de licenciement dans l'accomplissement légal de leur mandat.

Il y a aussi le recours odieux à l'intimidation, qui va de l'affectation d'un ou d'une militante à un poste de travail insupportable aux menaces de mort.

Il y a la pratique de la lettre ou du coup de téléphone anonyme lançant les pires calomnies conçues pour être destructrices de la vie du couple qui en est la cible.

Il y a le «Beruf verboten» français, qui frappe beaucoup plus de travailleurs qu'on ne le pense généralement, aussi bien dans le secteur privé que public, y compris pour simple délit d'opinion.

Avez-vous jamais entendu les radios, les télés traiter de l'un de ces dizaines de milliers de cas de non-respect des droits de l'homme dans les entreprises françaises? Et combien de journalistes bien pensants se sont-ils élevés contre les aspects particulièrement scandaleux de la violence?

Il y a dix jours, j'ai proposé au premier ministre une entrevue sur cette préoccupante situation; j'attends encore la réponse.

Il est vrai que les questions posées s'accordent mal avec l'idée d'un consensus social qui ferait des frères Willot et de leurs vendeuses surexploitées, d'Usinor et des sidérurgistes jetés à la rue, d'aimables partenaires sociaux enfin réconciliés pour aller, main dans la main, au devant de la solidarité nationale qui s'impose à toutes les classes de la société face à la crise.

Alors, messieurs les donneurs de leçon de démocratie, joignez donc votre protestation à la nôtre pour exiger que les droits de l'homme soient respectés en France et vous commencerez à devenir crédibles.

(Le Monde)

1 Rassemblement

(A) *Répondez aux questions suivantes*:

(1) Que veut dire le sigle «C.G.T.»?
(2) Est-ce que la C.G.T. se préoccupe exclusivement des droits des travailleurs français?
(3) Que veut dire M. Séguy par l'expression «des critères de sélectivité»?
(4) Quelle est l'attitude hypocrite que M. Séguy prétend trouver chez ceux qui s'indignent contre les pays socialistes où la démocratie est atteinte?
(5) Est-ce qu'il croit que ces atteintes à la démocratie soient généralement vraies?
(6) A quoi fait-il allusion en parlant des «nombreux cas d'agression contre les droits de l'homme dans notre propre pays»?
(7) Selon M. Séguy, la liberté d'information pluraliste est-elle respectée en France?
(8) Pourquoi la C.G.T. a-t-elle dû lancer une campagne vigoureuse au cours de la préparation des élections prud'homales?
(9) Est-ce que la C.G.T. a lutté seule dans cette campagne?
(10) Selon M. Séguy, quels sont les quatre droits fondamentaux de tout citoyen?
(11) A en croire M. Séguy, quel est l'agent provocateur des luttes syndicales intenses? Cet agent provocateur, comment est-il?
(12) Qu'est-ce qui est arrivé à bon nombre de militants et de délégués syndicaux?
(13) Selon la C.G.T., comment est-ce que les patrons intimident les militants et militantes?
(14) Selon l'article, comment est-ce que beaucoup de gens ont été calomniés?
(15) Le «Beruf verboten» est-il limité aux entreprises nationalisées? Pourquoi cette attitude existe-t-elle, selon M. Séguy?
(16) Quelle est l'accusation que M. Séguy lance aux média?
(17) Est-ce que le premier ministre semble partager les opinions de M. Séguy?
(18) A quelles industries M. Séguy pense-t-il en parlant amèrement de la possibilité ou non d'un consensus social?
(19) Selon M. Séguy, à quelle sorte de société ce consensus devrait-il aboutir?
(20) A qui pense-t-il, croyez-vous, en parlant de «messieurs les donneurs de leçon de démocratie»?

(B) *Copiez et complétez le résumé de l'article*:

Les droits de l'homme – au plan universel:
– au plan national:
Le droit d'expression:
La censure de l'information:
Les organisations syndicales et les heures d'antenne:
Les quatre droits fondamentaux de l'homme:
Le patronat et l'intimidation:
Les média:
L'ironie d'un consensus social:
L'appel de M. Séguy:

(C) *Copiez et étudiez les mots-clés et formules du passage*:

le respect des droits de l'homme d'une manière universelle
des nombreux cas d'agression
le droit d'expression et la liberté d'information pluraliste
luttes syndicales intenses
patronat vindicatif et rétrograde
le recours odieux à l'intimidation
la solidarité nationale – face à la crise

(D) *Copiez et complétez les phrases suivantes*:

(1) Mais c'est – rapport – ce qui se passe – notre propre pays – nous nous considérons particulièrement concernés et responsables.
(2) Il en est – même – ce qui concerne le droit – expression et la liberté – information pluraliste.
(3) ... joignez donc votre protestation à – – pour exiger que les droits de l'homme – respectés en France.
(4) ... qui frappe beaucoup plus de travailleurs qu'on – – pense généralement, – – dans le secteur privé – public.
(5) Il y a aussi le recours odieux – l'intimidation, qui va – l'affectation d' – ou d' – militante – un poste de travail insupportable – menaces de mort.

(E) *Selon l'article, les phrases suivantes sont-elles vraies ou fausses?*

(1) Selon la C.G.T., la solidarité nationale est nécessaire seulement pour la classe ouvrière.
(2) Il est rare qu'une émission à la télévision française traite d'un cas d'intimidation dans une entreprise.

(3) Les principaux moyens d'information sont gouvernés par des organisations qui représentent le point de vue des syndicats.
(4) Peu de Français s'inquiètent du non-respect des droits de l'homme à l'étranger.
(5) La C.G.T. reçoit de temps à autre des informations sur les violations du droit constitutionnel de grève.

Maintenant divisez-vous en paires, inventez d'autres phrases vraies ou fausses relatives à l'article et échangez-les contre celles de la paire suivante, etc.

(F) *Trouvez et mémorisez les mots et expressions synonymes dans le passage*:

(1) **relativement à** ce qui se passe
(2) j'ai proposé au premier ministre **un entretien**
(3) **il en est ainsi** en ce qui concerne
(4) **dans le domaine de** la défense des libertés
(5) les puissances d'argent et le pouvoir ont **monopolisé** les principaux moyens de l'information
(6) nous ne **pourrions** admettre des critères de sélectivité
(7) **un contrat** social qui ferait
(8) qui va de **la désignation** d'un ou d'une militante
(9) pour être **dévastatrices** de la vie du couple
(10) qui ne **se montre** pas toujours fondée d'ailleurs

(G) *Etudiez les définitions et exemples suivants*:

prud'homal – qui appartient aux prud'hommes, magistrats chargés de juger des différends entre employeurs et employés.
ex. **Il va au tribunal prud'homal.**

l'intimidation – une menace ou un acte de pression injuste.
ex. **Il n'a pas cédé à l'intimidation.**

parcimonieusement – avec une épargne minutieuse.
ex. **Elle offre tout cela parcimonieusement.**

entrer en transes – devenir furieux; être hors de soi.
ex. **Ils sont entrés en transes en entendant la nouvelle.**

vindicatif (ive) – qui a une soif de vengeance.
ex. **Elle est naturellement vindicative.**

(H) *Complétez les définitions en cherchant les mots requis dans le passage et inventez une phrase dans laquelle vous vous servez du terme en question*:

(1) L'action de violer un droit ou de profaner une chose sacrée, c'est la . . . de quelque chose.
ex.
(2) Un système politique dans lequel il y a plusieurs organes de direction s'appelle un système . . .
ex.
(3) Le but ou l'objectif de quelqu'un ou quelque chose, c'est la . . .
ex.
(4) . . . une certaine attitude, c'est l'accepter.
ex.
(5) Quelqu'un qui représente officiellement une organisation s'appelle un . . .
ex.

(I) *Trouvez les adjectifs émotifs dans le passage.*

Classifiez sous les catégories suivantes le vocabulaire pertinent dans le passage: (1) les termes abstraits particuliers au langage des politiciens et des syndicalistes
(2) les termes militaires

(J) *Trouvez les expressions françaises dans le passage dont la traduction anglaise est écrite ci-dessous*:

(1) . . . the trade union organisations wouldn't even have had the period of time at their disposal that was parsimoniously calculated in seconds by the radio and T.V. networks.
(2) Whenever a violation of these rights is brought to its knowledge, the C.G.T. reacts . . .
(3) . . . including elected delegates who suffered the blow of losing their jobs whilst legally carrying out their mandate.

(K) *Le mouvement syndicaliste français*

Cherchez le nom et le sigle de chaque grand syndicat français. Rassemblez les informations de toute la classe pour écrire une petite brochure sur le syndicalisme français. Vous devez trouver des données et des statistiques relatives à la structure des syndicats, au nombre d'adhérents, aux syndicalistes importants, et aux rôles que les syndicats jouent dans certains domaines politiques et économiques (les Conseils/le Code du Travail, etc.). Au besoin, consultez la bibliographie à la fin du livre.

2 Triage et application

(A) *Créez une phrase en utilisant les termes suivants*:

ex. point de vue, constitutionnel, patronat, syndical
➔ **Le point de vue de la plupart des organisations syndicales françaises est que le patronat viole trop souvent le droit constitutionnel de grève.**

(1) travailleur, observer, secteur, avoir recours à
(2) droit, opinion, considérer, face à
(3) insupportable, crise, traiter de, pays
(4) grève, joindre, solidarité, protestation

(Le choix des formes et des temps est à vous.)

Quels sont les verbes à l'origine de ces mots?

liberté	élection	organisation	accomplissement	consensus
conçu	atteinte	expression	licenciement	entreprise

Ecrivez les adjectifs suivants au féminin:

destructeur	nombreux	public	vindicatif
enchanteur	universel	privé	social

(B) *Copiez et complétez le tableau ci-dessous*:

sidérurgie	→	sidérurgiste
chemin de fer	→	
aciérie	→	
chantier	→	
mine	→	
centrale	→	
métallurgie	→	
agriculture	→	
urbanisme	→	
médecine	→	
foresterie	→	
fonderie	→	
imprimerie	→	
verrerie	→	
industrie chimique	→	
administration	→	

(C) *Consultez un dictionnaire pour trouver et mémoriser des expressions idiomatiques françaises qui contiennent les mots suivants*:

(1) passer (2) délit (3) simple (4) mesure (5) lutte
(6) crise (7) il y a (8) lancer (9) cible (10) devant
(11) main (12) jour

(D) *En consultant (G) de la première section du chapitre (à la page 84), définissez les mots et termes suivants*:

(1) un militant (2) réconcilier (3) crédible (4) anonyme
(5) une personnalité

(E) *Antonymes et synonymes*

(1) *Donnez le contraire des mots suivants*:

rétrograde	formel	pire
la défense	joindre	légal

(2) *Trouvez un synonyme aux termes suivants*:

admettre	fondé	la solidarité
le respect	proposer	odieux

(F) *Si on posait son tablier?*

Tout le monde dans la classe cherche un certain nombre de termes particuliers aux grèves, aux conditions du travail, etc. dans des journaux français. La classe se divise en deux équipes; c'est à chaque équipe de deviner la signification des termes offerts par les adversaires.
(ex. heures supplémentaires / débaucher / grève sur le tas / indemnité, etc.).

(G) *Conjuguez dans l'ordre indiqué par les flèches*:

Présent ➔ passé composé ➔ plus-que-parfait ➔ imparfait ➔ passé simple ➔ futur ➔ conditionnel.

(1) **savoir** transiger avec ses employés (il)
(2) **joindre** votre protestation à la nôtre (vous)
(3) **concevoir** le rayon d'action du syndicat (on)
(4) **suffire** à tout le monde (cela)
(5) **soutenir** la vigoureuse campagne de la C.G.T. (nous)

Choisissez le temps et la forme corrects:

(1) D'abord il ne ... pas transiger avec ses employés. (savoir)
(2) ... ta protestation à la mienne! (joindre)
(3) Au train où vont les choses, cela ne ... pas aux réfugiés. (suffire)
(4) Dans sept mois on ... le rayon d'action du syndicat. (concevoir)
(5) Ça fait deux ans que nous ... ce parti. (soutenir)

(H) *Transformez les phrases suivantes en questions qui commencent par «quand», «comment», «à quelle heure» ou «combien». Faites attention à l'ordre des mots*:

Modèle Il est arrivé à cinq heures. ➔ **A quelle heure est-il arrivé?**
(1) Ils ont effectué dix heures supplémentaires.
(2) Le délégué est parti à midi.
(3) Le journal a décrit l'entrevue de M. Séguy avec le premier ministre comme un dialogue de sourds.
(4) Les chômeurs ont firé une ovation à leur porte-parole après sa victoire.
(5) Les ouvriers pourront augmenter le rendement horaire au moyen de cette nouvelle machine.

(I) *Insérez la forme adjective, pronominale ou adverbiale correcte de «tel»*:

(1) ... est la foire d'empoigne.
(2) ... père, ... fils.
(3) La société ... qu'elle est
(4) Je n'aime pas ... cette idée.
(5) Il n'y a rien de ... qu'une lutte intense.
(6) Il a ... de travail en ce moment.
(7) C'est M. un ... qui me l'a dit.
(8) Si leurs revendications sont ... que vous dites...

(J) *Suivant le modèle, répondez aux questions ci-dessous en employant le verbe entre parenthèses*:

Modèle Q: Il est déjà sorti? (VOIR)
R: Oui, **je l'ai vu sortir.**
(1) Q: Elle s'est éloignée? (ENTENDRE)
R: Oui, ...
(2) Q: Il s'est approché de la grange? (REGARDER)
R: Oui, ...

(3) Q: Il a téléphoné à son collègue? (ECOUTER)
R: Oui, . . .
(4) Q: Il s'est faufilé dans la pièce? (SENTIR)
R: Oui, . . .

Maintenant répondez aux questions suivantes en consultant les modèles:

Modèle 1 Q: Dans le journal on dit que tu crois que tu le connais. Est-ce vrai?
R: Oui, **je crois le connaître.**

Modèle 2 Q: Dans le journal on dit qu'elle prétend qu'elle a noté le numéro d'immatriculation. Est-ce vrai?
R: Oui, **elle prétend l'avoir noté.**

(1) Q: Dans le journal on dit que tu espères que tu vas revenir mardi prochain. Est-ce vrai?
R: Oui, . . .
(2) Q: Dans le journal on dit qu'elle affirme qu'elle n'en sait rien. Est-ce vrai?
R: Oui, . . .
(3) Q: Dans le journal on dit qu'il prétend qu'il a congédié tous ses employés. Est-ce vrai?
R: Oui, . . .
(4) Q: Dans le journal on dit qu'ils jurent qu'ils sont restés à l'hôtel. Est-ce vrai?
R: Oui, . . .
(5) Q: Dans le journal on dit que tu avoues que tu as médit du patron. Est-ce vrai?
R: Oui, . . .

(K) *Insérez la forme correcte du pronom possessif*:

Modèle Q: C'est ta faute? ➔ R: Oui, c'est **la mienne.**

(1) Q: C'est son idée?
R: Oui, c'est . . .
(2) Q: C'est ton pardessus?
R: Oui, c'est . . .
(3) Q: C'est votre délégué?
R: Oui, c'est . . .
(4) Q: C'est leur contrat?
R: Oui, c'est . . .
(5) Q: Ce sont nos billets?
R: Oui, ce sont . . .
(6) Q: Ce sont leurs ouvriers?
R: Oui, ce sont . . .

(7) Q: C'est son chef-d'oeuvre?
R: Oui, c'est . . .
(8) Q: Ce sont tes enfants?
R: Oui, ce sont . . .

(L) *Complétez les phrases suivantes*:

(1) J'exige qu'on . . . le travail. (reprendre)
(2) Le patronat exige que le syndicat ne . . . plus des conditions du travail. (se plaindre)
(3) . . . que soient les exigences du syndicat, le patronat ne s'y rendra jamais.
(4) . . . que soit la politique salariale du gouvernement, il y aura toujours des grèves.
(5) . . . que soient les opinions de l'extrême gauche, nous n'y prêterons pas d'attention.
(6) . . . que soit le contrat social qu'on nous offre, nous le rejetterons.

(M) *Complétez les phrases suivantes pour donner la forme correcte du subjonctif passé*:

(1) Il est significatif qu'elle . . . refusé de consulter le ministre.
(2) Il est significatif qu'ils . . . tombés d'accord avec la délégation.
(3) Il est significatif qu'ils . . . arrangé une deuxième réunion.
(4) Il est significatif qu'elles se . . . soumises volontairement à cette interrogation.
(5) On croit qu'il est significatif que je . . . resté à l'usine.
(6) On croit qu'il est significatif que tu . . . manqué à ta parole.
(7) On croit qu'il est significatif que vous . . . revenu bredouille cette fois.
(8) On croit qu'il est significatif que nous . . . perdu ce vote.

(N) *Vous jouez le rôle d'un délégué patronal soumis à une interrogation de la presse. Le patronat vous a dit de répondre vaguement aux questions directes des journalistes – à vous alors de «tourner autour du pot»!*

(1) Où en sont les négociations entre patronat et syndicat?
(2) Le syndicat a-t-il l'intention de commander une grève?
(3) Envisagez-vous un affrontement entre les ouvriers syndiqués et les ouvriers non-syndiqués?

(4) Est-ce que vous avez considéré la possibilité d'un lock-out?
(5) Que pensez-vous des revendications salariales du syndicat?
(6) Qu'est-ce que vous allez offrir comme marges?
(7) Quelles seraient les conséquences d'une grève pour votre industrie?

3 Assimilation

(A) *Résumé*

Résumez la deuxième section de l'article en 100 mots. (*Mais ce n'est pas tout . . .*)
OU
Résumez les principes de la C.G.T. soulignés dans cet article.

(B) *Expansion*

Racontez brièvement l'histoire derrière ce gros titre:

8000 GREVISTES CONTRE 50 MILLIONS DE FRANCAIS!
Nouvelle grève nationale, selon les industriels.

(C) *Expansion orale*

Divisez-vous en paires. Chaque paire doit présenter un dialogue improvisé entre Georges Séguy et le premier ministre.

(D) *Nouvelle situation*

Un sidérurgiste militant reçoit un coup de téléphone où il est intimidé par une voix anonyme. Ecrivez le dialogue qui se produit.

(E) *Point de vue différent*

(1) Ecrivez une interview entre un journaliste et un chef d'entreprise qui s'inquiète des revendications syndicales et qui a décidé de les attaquer de front.

OU

(2) Ecrivez une interview entre un journaliste et un «jaune» mis en quarantaine par ses collègues pour n'avoir pas participé à une grève du zèle.

(F) *Narration*

Vous avez l'occasion d'écrire un documentaire télévisé sur la puissance et la popularité comparatives des syndicats français et anglais. Donnez un schéma des sujets que vous allez examiner.

(G) *Le syndicalisme en France*

(1) *Traduisez en anglais*:

Interview avec M. André Bergeron, secrétaire général de Force Ouvrière

Le Nouvel Economiste: Parmi les ouvriers interrogés, il y a à peu près deux fois plus de sympathisants vis-à-vis des syndicats que d'adhérents (avec un écart maximum pour FO, où la proportion est de 1 à 4). Pourquoi tant d'ouvriers hésitent-ils à adhérer?
M. Bergeron: Il est certain que l'audience de FO dépasse très largement le cadre de notre million d'adhérents. Mais les salariés sont comme les contribuables, en général ils préfèrent ne pas payer plutôt que payer!
Le Nouvel Economiste: Près de deux tiers des ouvriers estiment qu'il est du rôle des syndicats d'intervenir dans la gestion de l'entreprise. Un sur trois seulement estime que leur rôle est d'aboutir à une transformation politique de la société (plus de la moitié est contre). N'y a-t-il pas là un «oui» à une certaine forme de cogestion, et un «non» à une politisation des syndicats?
M. Bergeron: J'ai toujours été persuadé que la très grande majorité des ouvriers estiment qu'il ne faut pas mélanger le syndicalisme et la politique. C'est pourquoi FO se conduit comme vous savez. Mais il est sûr que les salariés accepteront de moins en moins de subir les conséquences de décisions prises en dehors d'eux. C'est ce qui explique que les deux tiers des ouvriers estiment qu'il est du rôle des syndicats d'intervenir dans la gestion de l'entreprise.

Extrait d'une interview avec M. André Bergeron
intitulée «La C.G.T. et la C.F.D.T. ont déconsidéré la grève»
(*Le Nouvel Economiste* octobre 1978)

(2) *Traduisez en français*:

It is significant that French industrial and political correspondents have recently noted a drop in union membership (*la désyndicalisation*) in their country. You only have to listen to trade union officials speaking at public meetings, and you'll realise that they often use vehement expressions in condemning government and management policies because they are so worried about their own tarnished public image.

At the same time, how many hours a week do trade unionists spend insulting, contradicting and ridiculing each other in France? A trade union seems to think that it has won the day when it has demonstrated its superiority to another one, little imagining that it has harmed worker solidarity and disillusioned its members and sympathisers in the process.

"That may be the policy of the white-collar workers' unions, but it is not ours, and it certainly shouldn't be yours!" – that's the sort of proclamation you'll hear at some union conferences, when an extremist demands that his union makes a decision on, say, strike action without consulting the other unions represented in the industry or firm in question.

The result is a confrontation between management and unions, lightning strikes, reduction of output, internal quarrels – in short, a general atmosphere of tension and widespread discontent.

UN SONDAGE IFOP-"LE NOUVEL ECONOMISTE"

1. LE VRAI ROLE DES SYNDICATS

A votre avis, est-ce le rôle ou non des syndicats :

	OUVRIERS		
	OUI	NON	SANS REPONSE
D'intervenir dans la gestion de l'entreprise	63%	27%	10%
D'aboutir à une transformation politique de la société	35%	51%	14%
De défendre les intérêts des travailleurs dans les entreprises	95%	1%	4%

Pensez-vous que, pour vous personnellement, il vaudrait mieux que l'entreprise où vous travaillez soit dirigée :

	OUVRIERS
Comme elle l'est actuellement	**44%**
Par tout le personnel	**26%**
Par l'Etat	**14%**
Par les organisations syndicales	**9 %**
Sans réponse	**7 %**

Le syndicat pour quoi faire ? La réponse est là sans ambiguïté : défendre, protéger, gérer, mais pas bouleverser la société. Conviction profonde ou simple déception post-électorale ? Les ouvriers semblent de plus en plus hostiles à la politisation de la bataille syndicale. Les hommes plus encore que les femmes ou les jeunes. Les ouvriers qualifiés plus que les manoeuvres. L'ouvrier de la grande entreprise plus que celui de la PME.

Pour la majorité des ouvriers, le rôle du syndicat, ce n'est pas de faire la révolution mais de participer à la gestion. Ce qui ne signifie pas non plus assumer la direction. Pour cette tâche, les ouvriers préfèrent le statu quo. Même quand ils sont au PC ou à la CGT : c'est une surprise. La direction par les syndicats arrive en dernière position dans l'ordre des préférences. Derrière l'autogestion, qui remporte un certain succès (26%), surtout chez les jeunes (33,7%), chez les ouvriers professionnels (28,5) et, bien sûr, chez les militants CFDT (39% contre 29% pour la CGT). L'autogestion, en tout cas, est préférée à la nationalisation.

(H) *Débat*

La classe se divise en deux pour discuter la proposition suivante:

«Le syndicalisme: défense de la justice sociale ou simple chantage?»

(I) *Dissertation*

«Quel rôle les syndicats ont-ils à jouer en France et en Angleterre? S'acquittent-ils vraiment de cette tâche?» (300 à 350 mots)

7

La dernière

Cet article représente un regard en arrière sur l'atmosphère qui régnait avant les Jeux olympiques de 1980. Ces Jeux eurent lieu à Moscou et furent boycottés par certains pays qui voulaient protester contre l'invasion soviétique de l'Afghanistan.

NATATION

Furniss et Krylov: tout les sépare sauf...

(Le conflit olympique U.S.A.—U.R.S.S)

Le meeting international de Boulogne-Billancourt offrira, ce week-end (finale aujourd'hui à 16 heures et demain à 16 h 15), un résumé de la grande bataille actuelle de la natation qui oppose au sommet Américains et Soviétiques. Mais ce sera un combat indirect. En nage libre, en effet, les meilleurs Américains présents sont des sprinters, Montgomery, le champion olympique du 100 mètres à Montréal en tête, tandis que les Soviétiques seront représentés par des nageurs de demi-fond, en particulier Salnikov, le recordman du monde du 400 m. Même scénario chez les jeunes filles puisque Cynthia Woodhead, recordwoman du monde du 200 m, dominera la nage libre alors que les Soviétiques ont délégué en France notamment leurs fameuses brasseuses Kachuchite et Bogdanova, qui détiennent respectivement les records du monde des 100 m et 200 m. Quelques excellents nageurs d'autres nations seront pourtant présents : les Hongrois Hargitaï, Sos, Verrazto, le Britannique Goodhew, l'Allemand de l'Ouest Steinbach, l'Italien Guarducci. En ce qui concerne les Français, on attendra avec curiosité le 200 m de Michel Rousseau (il espère réussir 1'57" en petit bassin, ce qui est assez modeste) et des performances d'Ecuyer en sprint, de Delcourt en dos, de Borios en brasse, de Michèle Ricaud en dos et d'Annick de Susini en brasse.

En raison des doutes jetés sur la tenue des Jeux olympiques à Moscou par la décision américaine de les boycotter si l'U.R.S.S. n'évacue pas l'Afghanistan, toute rencontre entre sportifs américains et soviétiques prend un relief particulier. Dans le cadre de cette « guerre des mondes », voici les réponses aux mêmes questions posées à deux des meilleurs nageurs du monde, Furniss (Etats-Unis) et Krylov (U.R.S.S.).

Q. – Comprenez-vous qu'il existe un mouvement de boycottage contre les Jeux olympiques de Moscou?

Furniss. – Absolument. Je ne souhaite pas que les Jeux se déroulent à Moscou, exactement pour les mêmes raisons qu'a invoquées notre président Jimmy Carter. Je crois à l'efficacité de cette pression sur l'U.R.S.S. pour qu'elle évacue l'Afghanistan.

course d'obstacles

Krylov. – La conception occidentale de l'intervention soviétique en Afghanistan est différente de la nôtre. Ce pays fut le premier, en 1919, à reconnaître l'U.R.S.S., deux ans seulement après la Révolution. Cela crée des liens et des obligations. Je comprends et je défends la politique de mon pays. Et elle n'a pas de rapports avec les Jeux olympiques.

Q. – Politique et sport peuvent-ils être totalement distingués l'un de l'autre?

Furniss. – Ce serait souhaitable dans l'idéal. Mais c'est en réalité tout à fait impossible. Les résultats sportifs d'une nation la mettent en cause et en évidence.

Krylov. – C'est impossible. Les sportifs sont les membres d'une société donnée. Ils expriment les qualités de cette société. Le sport est une activité comme une autre à cet égard, artistique, économique, etc. . . . Mais la faute est de renverser la question comme le fait le gouvernement des Etats-Unis: il se sert du sport, il n'attend pas que le sport le serve.

Q. – Que pensez-vous de l'attitude du Comité olympique américain qui a repris les thèses du gouvernement américain?

Furniss. – Je l'approuve. En tant que citoyen américain, je considère que tous les citoyens du monde ont les mêmes droits que moi. Les citoyens d'Afghanistan sont privés de ces droits. Même si c'est un très grand sacrifice de se priver de ces Jeux, je suis prêt pour cette raison à boycotter Moscou.

Krylov. – Cette attitude est anti-sportive. Elle nuit aux athlètes et, en premier lieu, aux Américains eux-mêmes. Beaucoup d'entre eux nous ont fait comprendre qu'ils la regrettaient.

Q. – Etes-vous pour, ou contre, hymnes et drapeaux aux Jeux olympiques?

Furniss. – Pour. Je suis fier de mon pays, de son système politique et économique.

Krylov. – Pour. Il est très important pour un individu de voir le drapeau et l'hymne de son pays à l'honneur quand il l'a victorieusement représenté.

Q. – Que représente un champion olympique dans votre pays?

Furniss. – Sorti des piscines, rien. Le grand public ne le connaît absolument pas. Aux Etats-Unis, on ne connaît que les sportifs professionnels de basket-ball, hockey sur glace ou base-ball. Un champion olympique, chez nous, c'est M. Tout-le-Monde!

Krylov. – Une personnalité très importante. A titre individuel; car il a prouvé sa valeur. Il est extrêmement populaire, et il l'a bien mérité. A titre collectif parce qu'il a honoré l'U.R.S.S.

Q. – Existe-t-il, à votre avis, une compétition plus importante que les Jeux olympiques?

Furniss. – Oui. Les championnats américains universitaires. D'abord parce qu'il était très important pour moi de défendre mon université de «Southern California». Ensuite parce qu'ils sont d'un niveau supérieur aux Jeux olympiques.

Krylov. – Vraiment aucune. C'est un sommet.

Q. – Que représenteraient les Jeux olympiques sans les Etats-Unis?

Furniss. – J'espère que l'esprit olympique serait maintenu sans nous. Mais, à cause de l'Afghanistan, je ne crois pas cela possible.

Krylov. – La natation continuerait et progresserait, même si l'absence américaine était très désagréable. Mais je ne crois pas à cette absence. Les menaces actuelles sont un bluff.

Q. – Avez-vous un ami dans l'autre équipe?

Furniss. – J'ai souvent parlé avec Fesenko.

Krylov. – Pas de lien particulier, même si nous nous parlons de temps en temps.

Recueilli par J.-P. Lacour

(Le Figaro)

1 Rassemblement

(A) *Répondez aux questions suivantes*:

(1) De quel sport s'agit-il dans le premier paragraphe?
(2) Que veut dire l'expression «la nage libre»?
(3) Qui est Cynthia Woodhead?
(4) Nommez trois sortes de nage mentionnées dans le premier paragraphe.
(5) Pourquoi y a-t-il des doutes jetés sur la tenue des Jeux à Moscou?
(6) Quelle a été la conséquence du boycottage proposé par les Etats-Unis pour les sportifs américains et soviétiques?
(7) Est-ce que Furniss est en faveur du boycottage?
(8) Comment l'envisage-t-il?
(9) Krylov croit-il que les pays occidentaux comprennent l'intervention soviétique en Afghanistan?
(10) Comment essaie-t-il de défendre la politique étrangère de son pays en ce cas?
(11) Selon Furniss, pourquoi la politique et le sport ne peuvent-ils être totalement distingués l'un de l'autre?
(12) Comment est-ce que Krylov considère les sportifs?
(13) En quels termes décrit-il le sport?
(14) Quelle est l'accusation qu'il lance aux Etats-Unis?
(15) Selon Furniss, comment pourrait-on justifier la décision des Américains de se priver des Jeux?
(16) A en croire Krylov, est-ce que tous les Américains sont pour le boycottage?
(17) Pourquoi les deux athlètes sont-ils en faveur des hymnes et des drapeaux?
(18) Que veut dire Furniss par l'expression «M. Tout-le-Monde»?
(19) En quoi l'attitude soviétique envers l'importance des Jeux olympiques est-elle différente de celle des Américains?
(20) Que pensent les deux athlètes de la possibilité de l'absence américaine?

(B) *Copiez et complétez le résumé de l'article*:

Signification du meeting international de Boulogne-Billancourt:
La tenue des Jeux olympiques mise en doute:
Question du boycottage – Furniss:
– Krylov:

Question de la séparation de politique et sport – Furniss:
– Krylov:
Réaction à l'attitude du Comité olympique – Furniss:
– Krylov:
Réaction aux hymnes et drapeaux – Furniss:
– Krylov:
Le rôle du champion olympique – Furniss:
– Krylov:
Le «standing» des Jeux – Furniss:
– Krylov:
L'absence américaine – Furniss:
– Krylov:
La fraternisation américaine-soviétique – Furniss:
– Krylov:

(C) *Copiez et étudiez les mots-clés et formules du passage*:

la grande bataille actuelle de la natation
la tenue des Jeux olympiques à Moscou
le cadre de «cette guerre des mondes»
La conception occidentale de l'intervention soviétique . . .
Politique et sport peuvent-ils être totalement distingués l'un de l'autre?
renverser la question
M. Tout-le-Monde! / Une personnalité très importante.
C'est un sommet.
Les menaces actuelles sont un bluff.

(D) *Copiez et complétez les phrases suivantes*:

(1) . . . on attendra – curiosité le 200 m de Michel Rousseau (il – réussir 1′57″ – petit bassin, – – est assez modeste). . .
(2) – raison des doutes jetés – la tenue des Jeux olympiques – Moscou – la décision américaine – les boycotter . . .
(3) Je crois – l'efficacité – cette pression – l'U.R.S.S. – – elle évacue l'Afghanistan.
(4) Mais la faute est – renverser la question comme – fait le gouvernement des Etats-Unis: il se sert – sport, il n'attend pas que le sport le –
(5) D'abord parce qu'il était très important – moi – défendre – université de «Southern California».

(E) *Selon l'article, les phrases suivantes sont-elles vraies ou fausses?*

(1) Les deux athlètes affirment l'impossibilité de séparer la politique et le sport en réalité.
(2) C'est en nage libre que les Russes dominent le monde de la natation.
(3) Furniss est d'accord avec M. Carter pour penser que le boycottage est un moyen efficace de forcer les Soviétiques à quitter l'Afghanistan.
(4) Krylov croit que l'absence américaine serait un désastre pour la natation aux Jeux olympiques.
(5) Aux Etats-Unis les champions des sports nationaux sont mieux connus que ceux des sports internationaux.

Maintenant divisez-vous en paires, inventez d'autres phrases vraies ou fausses relatives à l'article et échangez-les contre celles de la paire voisine, etc.

(F) *Trouvez et mémorisez les mots et expressions synonymes dans le passage*:

(1) je ne **veux** pas que les Jeux se déroulent à Moscou
(2) **en conséquence des** doutes
(3) les Soviétiques ont **envoyé** en France
(4) . . . qui a **adopté** les thèses du gouvernement américain
(5) même si nous nous parlons **de temps à autre**
(6) **comme** citoyen américain
(7) aux Etats-Unis on connaît **seulement** les sportifs professionnels
(8) même si c'est un très grand sacrifice de **renoncer à** ces Jeux
(9) **Collectivement** parce qu'il a honoré l'U.R.S.S.
(10) elle **fait du tort aux** athlètes

(G) *Etudiez les définitions et exemples suivants*:

économique – qui concerne la production, la distribution, la consommation des richesses d'un pays (et, par extension, l'étude de ce système).
ex. **La vie économique de ce pays a été considérablement bouleversée**.

détenir le record – terme particulier au sport qui veut dire «être le champion – national ou international – d'un certain sport».

ex. **Il détient le record du monde du 800 m.**

un hymne – chant ou poème lyrique et, de nos jours, chant solennel en l'honneur de la patrie.
ex. **L'orchestre a joué l'hymne national à la fin de la soirée.**

reconnaître (au sens politique) – admettre officiellement l'existence juridique de quelque chose.
ex. **Ils ont fini par reconnaître le nouveau gouvernement.**

le scénario – l'action d'une pièce de théâtre ou la description (écrite) de l'action d'un film.
ex. **Le scénario est trop vague.**

(H) *Complétez les définitions en cherchant les mots requis dans le passage et inventez une phrase dans laquelle vous vous servez du terme en question:*

(1) Une femme qui détient le record d'un sport international s'appelle une . . .
ex.
(2) Garder quelque chose après l'avoir déjà gagné, c'est . . . quelque chose.
ex.
(3) Un championnat qui a lieu à l'université est un championnat . . .
ex.
(4) Une course de natation qui est entre 800 et 3 000 m s'appelle la nage . . .
ex.
(5) Quelqu'un qui est à l'avant dans une course est en . . .
ex.

(I) *Trouvez les verbes au conditionnel dans le passage.*

Classifiez sous les catégories suivantes le vocabulaire pertinent dans le passage: (1) les mots empruntés à la langue anglaise
(2) les substantifs féminins au pluriel

Combien de nationalités différentes y a-t-il dans le passage? Nommez-les.

(J) *Trouvez les expressions françaises dans le passage dont la traduction anglaise est écrite ci-dessous*:

(1) A nation's sports results bring it forward and place it in the limelight.

(2) Not a thing, once he's out of the swimming pool. The general public just don't know him at all.
(3) Many of them have made it clear to us that they regretted it.

(K) *Jeux sans frontières . . .*

Cherchez des résultats, des noms de joueurs, des pronostics (etc.) relatifs aux différents sports français. Circulez ces bribes d'information et essayez d'identifier les sports en question.

2 Triage et application

(A) *Créez une phrase en utilisant les termes suivants:*

ex. représenter, fier, athlète, victorieusement
➔ **Un athlète qui est fier de son pays veut toujours le représenter victorieusement.**

(1) personnalité, honorer, individu, nation
(2) opposer, sport, gouvernement, politique
(3) conception, natation, niveau, artistique
(4) Jeux olympiques, monde, rencontre, considérer

(Le choix des formes et des temps est à vous.)

(B) *Copiez et complétez le tableau ci-dessous:*

championnat	➔	champion
concours	➔	
natation	➔	
combat	➔	
guerre	➔	
compétition	➔	
politique	➔	
finale	➔	

Trouvez les verbes à l'origine de ces mots:

doute	valeur	combat
résultat	intervention	décision

Trouvez les substantifs abstraits qui proviennent de ces verbes:

ex. défendre ➔ **défense**

distinguer	évacuer	regretter	créer
séparer	représenter	invoquer	prouver
espérer	réussir	exprimer	

Transformez en adverbes:

actuel	absolu	collectif
respectif	individuel	victorieux

(C) *Trouvez la définition correcte de chacun des mots en marge*:

(1) une lutte armée entre groupes opposés	**obligation**
(2) action de deux armées qui se livrent combat	**représenter**
(3) un rapport qui unit deux ou plusieurs personnes	**bataille**
(4) une contrainte juridique ou morale	**guerre**
(5) procurer de la gloire à quelqu'un	**lien**
(6) agir au nom de quelqu'un	**honorer**

(D) *Consultez un dictionnaire pour trouver et mémoriser des expressions idiomatiques françaises qui contiennent les mots suivants*:

(1) maintenir (2) temps (3) système (4) même
(5) nage (6) prendre (7) deux (8) raison (9) tant
(10) esprit

(E) *En consultant (G) de la première section du chapitre (à la page 100), définissez les mots et termes suivants:*

(1) dominer (2) un sportif (3) fameux (4) en premier lieu
(5) un boycottage

(F) *Antonymes et synonymes*

(1) *Donnez le contraire des mots suivants*:

l'efficacité	un doute	priver (de)
progresser	approuver	

(2) *Trouvez un synonyme aux termes suivants*:

le sommet	notamment	pourtant
désagréable	souhaitable	

(G) *Une minute seulement*

Chaque élève a une minute seulement pour parler d'un sport français choisi – il doit parler sans hésiter ni s'écarter du sujet. S'il hésite ou s'écarte du sujet vous devrez l'arrêter en levant la main – si l'arbitre approuve votre interruption, ce sera à vous de continuer!

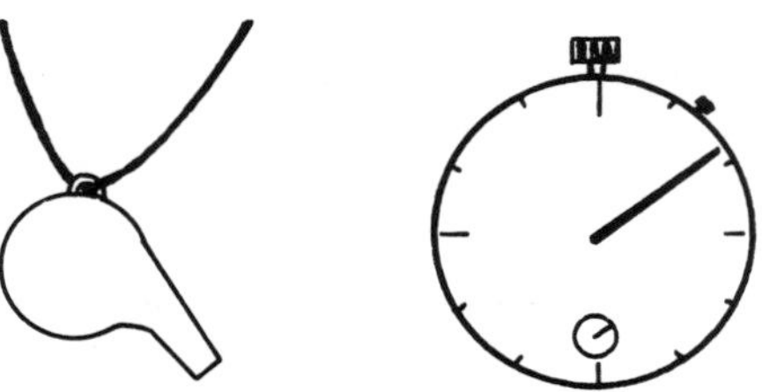

(H) *Conjuguez dans l'ordre indiqué par les flèches*:

Présent ➔ passé composé ➔ plus-que-parfait ➔ imparfait ➔ passé simple ➔ futur ➔ conditionnel.

(1) **pouvoir** distinguer le sport de la politique (on)
(2) **se servir** d'une arme politique (je)
(3) **reconnaître** le professeur au niveau de ses pensées (elle)
(4) **maintenir** l'esprit olympique (ils)
(5) **nuire** aux athlètes (cela) (*N.B. participe passé* = ***nui***)

Choisissez le temps et la forme corrects:

(1) Désormais on ... mieux distinguer le sport de la politique. (pouvoir)
(2) A quoi bon ... d'une arme politique? (se servir)
(3) De nos jours on le ... à son manque d'intelligence! (reconnaître)
(4) Tant qu'ils ... l'esprit olympique, les pays occidentaux seront exposés à la propagande russe. (maintenir)
(5) Même si cela ... aux athlètes, on devrait toujours le faire. (nuire)

(I) *Suivant les modèles, répondez aux questions ci-dessous*:

Modèle 1 Q: Robert taquine Jean-Pierre et réciproquement, n'est-ce pas?
R: Oui, ils se taquinent **l'un l'autre.**

Modèle 2 Q: Les deux garçons ont besoin des jeunes filles et réciproquement, n'est-ce pas?
R: Oui, ils ont besoin **les uns des autres.**

(1) Q: Le nageur américain injurie le nageur soviétique et réciproquement, n'est-ce pas?
R: Oui, ils s'injurient ...
(2) Q: Les anciens athlètes français envoient toujours des lettres à leurs contemporains hongrois et réciproquement, n'est-ce pas?
R: Oui, ils s'envoient des lettres ...
(3) Q: La recordwoman soviétique s'occupe de la recordwoman américaine quand elle est malade et réciproquement, n'est-ce pas?
R: Oui, elles s'occupent ...
(4) Q: Les athlètes se plaignent des politiciens et réciproquement, n'est-ce pas?
R: Oui, ils se plaignent ...
(5) Q: Les performances de Ricaud en dos renforcent celles d'Annick de Susini en brasse et réciproquement, n'est-ce pas?
R: Oui, elles se renforcent ...

(J) *Suivant les modèles, complétez les réponses d'un journaliste aux questions ci-dessous*:

Modèle 1 Q: Est-ce que les nageurs français ont terminé la course?
R: Oui, mais beaucoup **d'entre eux** étaient très fatigués.
Modèle 2 Q: Est-ce que les deux athlètes détiennent le record?
R: Oui, mais l'un **d'eux** est hors d'haleine.

(1) Q: Est-ce que les brasseuses américaines approuvaient la décision de leur gouvernement?
R: Oui, mais beaucoup ... regrettaient le manque de solidarité.
(2) Q: Est-ce que les deux délégués soviétiques ont répondu à vos questions?
R: Oui, mais l'un ... a hésité à plusieurs reprises.
(3) Q: Est-ce que les politiciens français étaient en faveur du boycottage?
R: Oui, mais quelques-uns ... étaient moins enthousiastes.
(4) Q: Est-ce que les deux speakerines vont présenter l'émission sportive?
R: Oui, mais l'une ... seulement va s'occuper de la présentation bilingue.
(5) Q: Est-ce que les nageurs olympiques envisagent des problèmes?
R: Oui, mais certains ... n'y pensent pas.

(K) *Insérez la forme correcte de «tout» dans les phrases suivantes*:

(1) . . . le monde était content.
(2) Elle était . . . pâle.
(3) . . . les deux sont arrivés à temps.
(4) Je suis . . . confus.
(5) La jeune fille était . . . ahurie.
(6) . . . homme vous le dira.
(7) Elles sont enceintes . . . les deux.
(8) Ils sont . . . désemparés.
(9) . . . les garçons ont applaudi.
(10) . . . nation en souffre.
(11) Il veut . . . savoir.
(12) . . . les victimes sont de nationalité polonaise.

(L) *Suivant les modèles, répondez aux questions ci-dessous*:

Modèle 1 Q: Il sort le dernier?
R: Oui, c'est **le dernier à sortir.**
Modèle 2 Q: Il est difficile de nouer cette corde?
R: Oui, c'est **difficile à nouer.**

(1) Q: Il est inutile d'essayer une nouvelle tactique?
R: Oui, c'est . . .
(2) Q: Il arrive le premier?
R: Oui, c'est . . .
(3) Q: C'est lui seul qui se fâche?
R: Oui, c'est . . .
(4) Q: Il est facile de prévoir le score final?
R: Oui, c'est . . .

Suivant le modèle, transformez les phrases ci-dessous:
Modèle On loue cet appartement. ➔ **C'est un appartement à louer.**

(1) On vend cette maison. ➔ C'est . . .
(2) On craint ces menaces. ➔ Ce sont . . .
(3) On déteste cet homme. ➔ C'est . . .
(4) On redoute cet ennemi. ➔ C'est . . .
(5) On plaint ce politicien. ➔ C'est . . .
(6) On méprise cet honneur. ➔ C'est . . .

(M) *Complétez les phrases suivantes*:

(1) Je ne souhaite pas que tu . . . seule. (revenir)
(2) On comprend qu'ils ne . . . pas boycotter les Jeux. (vouloir)

(3) J'envoie le télégramme tout de suite pour qu'ils le ... ce soir même. (recevoir)
(4) On attend qu'il nous ... la vérité. (dire)
(5) Je comprends que vous ... eu peur.
(6) Je comprends qu'elle ... restée avec lui au lieu de partir.

(N) *On continue l'interview avec Furniss et Krylov, mais à la fin de l'interview on ne peut trouver que les questions notées sur une feuille de papier. Donnez deux réponses à chaque question qui représentent le point de vue respectif des deux athlètes:*

(1) A votre avis, les athlètes ont-ils le droit de prendre des drogues?
(2) Comment devrait-on arranger la cérémonie d'ouverture des Jeux olympiques?
(3) Quel est le but proposé des Jeux olympiques?
(4) Un athlète a-t-il le droit de désobéir aux ordres de son gouvernement?
(5) Comment pourrait-on empêcher que le sport ne devienne trop politisé?

3 Assimilation

(A) *Résumé*

Récrivez les questions et les réponses des deux athlètes sous forme d'un tableau.

(ex.

QUESTION	FURNISS	KRYLOV
boycottage	approuve et le croit efficace	désapprouve et le trouve inexplicable

etc.)

(B) *Expansion*

Analysez les attitudes et les idées de Furniss et de Krylov et écrivez une petite étude de caractère des deux athlètes.

(C) *Expansion orale*

Le président américain demande à Furniss de faire un discours à la télévision dans lequel il doit souligner les raisons pour lesquelles il approuve le boycottage des Jeux. Vous devez écrire le discours pour lui (mentionnez surtout la situation politique, le rôle du sport au plan international, les aspirations de tout athlète et le devoir de tout citoyen).

(D) *Nouvelle situation*

Le Comité Olympique International reçoit la nouvelle du boycottage; le président du Comité téléphone à la Maison-Blanche pour parler de la situation. Ecrivez le dialogue qui se produit.

(E) *Point de vue différent*

(1) Ecrivez un dialogue entre un athlète français qui regrette la décision de son gouvernement de boycotter les Jeux et un député du R.P.R. qui l'approuve.

OU

(2) Faites deux affiches – l'une pour la propagande russe qui se moque du boycottage, et l'autre pour la propagande américaine qui cherche à décourager le monde occidental de s'intéresser aux Jeux.

(F) *Narration*

Cherchez dans des livres ou des brochures des descriptions de toutes sortes de concours internationaux où il y a eu des problèmes ou des controverses. Essayez chaque fois d'identifier le climat d'opinion.

Choisissez un concours controversé et écrivez un petit article sur les événements et les problèmes comme si vous y aviez assisté.

(G) *Le sport et la politique*

(1) *Traduisez en anglais:*

Sport et politique

On nous le dit, on nous le redit depuis des mois: ce sont les Américains, ce sont les Nations qui, à leur exemple, ont refusé de participer aux Jeux de Moscou, qui ont «politisé» ces Jeux, qui ont mêlé indûment le sport et la politique. Le sport doit ignorer la politique et la politique doit ignorer le sport. Les mêmes journaux soviétiques qui nous l'affirment présentement avaient toujours affirmé d'ailleurs, dans le passé, que le sport ne peut être séparé de la politique, que, de même que toutes les activités humaines, que toutes les manifestations de la culture, il a une signification politique, que les fastes et les victoires du sport socialiste sont des messages de paix et d'amitié adressés au monde, des mains tendues à tous les peuples du monde, sans en excepter le peuple afghan.

Les journalistes occidentaux présents à Moscou sont impérativement priés de borner leur curiosité et leurs commentaires aux seules manifestations olympiques, une censure sans faiblesse les empêchera vigoureusement de s'écarter de leur sujet: le sport n'a rien à voir avec la politique.

Les opposants ou suspects d'opposition ont été, au cours des derniers mois, traqués, arrêtés, relégués dans des provinces lointaines, à commencer par Sakharov, empêchés de mettre les semaines des Jeux à profit pour manifester en faveur des droits de l'homme et multiplier les contacts avec le monde libre: le sport n'a rien à voir avec la politique.

Thierry Maulnier: «Sport et politique» *(Le Figaro*, juillet 1980)

(2) *Traduisez en français:*

Any international sportsman or sportswoman will tell you that sport and politics cannot possibly be separated one from the other. These athletes have travelled abroad and got to know their counterparts in countries competing in the different sporting events; they have recognised the pressure exerted on some individuals by the authorities to do well, to represent their fatherland honourably, to save appearances, whatever the cost.

Although one probably doesn't wish the Olympic Games to become a symbol of the manipulation of sport by politics, this has really already happened. Not just in the seventies; it's happened before.

It is easy for us to condemn athletes for taking part in an international contest that has lost its traditional image of peace and goodwill – if you haven't trained as an athlete for years and waited impatiently for the Olympics to come, then it's impossible for you to understand the disappointment felt when faced with a boycott. At any rate, that is the opinion of many of the world's sportsmen and women... "We are not goods for sale or for auction in a political department store," they protest. "People must understand that we have to disobey some government decisions, for many of us see these contests as our only chance to acquire some international recognition, a reward for past efforts."

(H) *Débat*

La classe se divise en deux pour discuter la proposition suivante:

«Les Jeux olympiques – à quoi bon y participer?»

(I) *Dissertation*

«Le sport et la politique: peut-on et devrait-on les séparer?»

(300 à 350 mots)

8

Qui porte

par GABRIEL MATZNEFF

L'ange et

LES belles âmes masculines, éprises d'harmonie universelle, sont choquées par la haine sexiste des ultras du féminisme; et les belles âmes féminines, nourries de chimères, sont outrées par le ton pessimiste sur lequel certains hommes, de La Bruyère à Weininger, écrivent sur elles. Pourtant, ce sont les ultras de l'un et l'autre sexe qui disent la vérité, l'âcre, la noire, l'implacable vérité.

La complémentarité des sexes est une illusion platonicienne. La femme et l'homme ne sont pas faits pour s'accorder, mais pour se combattre et se détruire. Entre l'homme et la femme, c'est une guerre permanente, tantôt sournoise, tantôt ouverte, mais une guerre à mort. La passion est le seul lieu où ils puissent se retrouver, mais une telle rencontre est toujours fugace et, en définitive, source de douleur. L'homme et la femme habitent des mondes ennemis, hétérogènes. La femme, ce Martien.

C'est pourquoi les femmes doivent se méfier des hommes qui les invitent à les imiter, en particulier de ceux qui tentent de les convaincre qu'elles ne seront libres que le jour où, comme eux, elles travailleront. Les trémolos à la gloire du travail sont exaspérants. Voilà des milliers d'années que les hommes travaillent. Quand on considère l'état actuel de la planète, il n'y a pas de quoi être fier du résultat. Les femmes n'ont aucune raison de vouloir

la culotte?

l'huître

singer les hommes. Il faut, au contraire, qu'elles soient fières de leur spécificité et qu'elles gardent en tête l'exemple de ce sublime écrivain qu'est la marquise du Deffand, qui écrivait à Voltaire: *«Je n'envie le sort ni l'état de personne, ni d'aucune espèce d'individu, quel qu'il puisse être, depuis l'huître jusqu'à l'ange* (1).»

Certes, il est légitime que les femmes désirent échapper à ce rôle d'ange, c'est-à-dire d'épouse et de mère, où les hommes les ont, tant en Orient qu'en Occident, toujours enfermées. Ce n'est pas un motif pour qu'elles se mettent à vivre comme vivent la plupart des hommes, c'est-à-dire comme des huîtres. *«Ma carrière! ma carrière!»* Les hommes n'ont que ce mot ridicule à la bouche. Si les femmes se mettent à en faire autant, l'existence va devenir bien ennuyeuse. Le pape, qui est à la mode, et qui cause si souvent à la télévision, serait bien inspiré de rappeler à ses ouailles le merveilleux vers d'Angelus Silesius: *«Dieu se trouve dans l'oisiveté.»*

Les civilisations les plus raffinées, les plus exquises, ayant toujours tenu le loisir pour le souverain bien, il est naturel que la nôtre, grossière et totalitaire, se soit fait un dieu du travail. Le trait de génie est d'être parvenu à convaincre nos infortunés contemporains que ce qui les rend esclaves les rend libres. C'est l'imposture déguisée en vérité dogmatique, et malheur à qui vend la mèche.

(1) Marquise du Deffand, Lettres, Editions Plasma, 1979.

(Le Monde)

1 Rassemblement

(A) *Répondez aux questions suivantes*:

(1) Selon l'auteur, qu'est-ce que les hommes veulent passionnément conserver?
(2) Est-ce que toutes les féministes nourrissent une haine sexiste?
(3) L'attitude des féministes est-elle tout à fait réaliste?
(4) Quel philosophe de l'antiquité a écrit sur la complémentarité des sexes?
(5) Comment l'auteur de l'article envisage-t-il le rapport entre homme et femme?
(6) Quel est le seul lieu de rencontre qui existe pour eux? Est-ce un lieu permanent?
(7) Que veut dire l'auteur par l'expression «La femme, ce Martien»?
(8) Selon l'auteur, les femmes devraient se tenir sur leurs gardes contre un certain type d'homme – lequel?
(9) A en croire l'article, quelle importance devrait-on accorder au travail? Pourquoi?
(10) D'où vient l'expression «depuis l'huître jusqu'à l'ange» et quelle en est la signification?
(11) La marquise du Deffand était quelle sorte de femme?
(12) Comment est-ce qu'on a conçu le rôle de la femme jusqu'ici partout dans le monde?
(13) Cette conception du rôle de la femme est-elle une bonne raison pour que les femmes rejettent leur place au foyer?
(14) Selon l'auteur, quelle serait la conséquence pour la vie humaine si toute femme s'engageait dans une carrière?
(15) Pourquoi l'auteur cite-t-il un vers d'Angelus Silesius?
(16) Où est-ce que le loisir a toujours été estimé?
(17) En est-il ainsi de nos jours? Pourquoi pas?
(18) Quelle est la grande imposture d'aujourd'hui?
(19) Que veut dire l'expression «vendre la mèche»?
(20) Sur quel ton le passage est-il écrit?

(B) *Copiez et complétez le résumé de l'article*:

Attitude des hommes envers les féministes:
La colère de celles-ci:
Le rapport entre homme et femme:
La question de l'imitation:
L'importance accordée au travail:

La conception du rôle de la femme:
La réaction possible des femmes à cette idée:
Les priorités des différentes civilisations:

(C) *Copiez et étudiez les mots-clés et formules du passage*:

Les belles âmes masculines – et les belles âmes féminines . . .
La complémentarité des sexes est une illusion platonicienne.
Les trémolos à la gloire du travail sont exaspérants.
Il faut, au contraire, qu'elles soient fières de leur spécificité . . .
depuis l'huître jusqu'à l'ange
C'est l'imposture déguisée en vérité dogmatique . . .

(D) *Copiez et complétez les phrases suivantes*:

(1) . . . les belles âmes féminines, nourries – chimères, sont outrées – le ton pessimiste sur – certains hommes, – La Bruyère – Weininger, écrivent – elles.
(2) Entre l'homme et la femme, c'est une guerre permanente, – sournoise – ouverte, mais une guerre – mort.
(3) La passion est le seul lieu où ils – se retrouver, mais une – rencontre est toujours fugace . . .
(4) «Je n'envie le sort – l'état de personne, – d'aucune espèce d'individu, quel qu'il – être, – l'huître – l'ange.»
(5) . . . il est naturel que la – , grossière et totalitaire, se – fait un dieu – travail.

(E) *Selon l'article, les phrases suivantes sont-elles vraies ou fausses?*

(1) Les mondes de l'homme et de la femme sont entièrement opposés, même s'ils sont pareils.
(2) Il y a peu de gens qui écoutent les paroles du pape.
(3) Ce ne sont que les ultras du féminisme qui ne mentent pas à propos des liens entre les deux sexes.
(4) L'auteur trouve que ceux qui arrivent à persuader les autres que le travail est un souverain bien sont très adroits.
(5) Les hommes ne veulent pas que les femmes les singent.

Maintenant divisez-vous en paires, inventez d'autres phrases vraies ou fausses relatives à l'article et échangez-les contre celles de la paire suivante, etc.

(F) *Trouvez et mémorisez les mots et expressions synonymes dans le passage*:

(1) et les belles âmes féminines . . . sont **scandalisées** par
(2) si les femmes se mettent à **faire la même chose**
(3) l'âcre, la noire, la **cruelle** vérité
(4) l'existence va devenir bien **monotone**
(5) et qu'elles **n'oublient pas** l'exemple de
(6) comme vivent **la majorité** des hommes
(7) et, **en dernière analyse,** source de douleur
(8) ce rôle d'ange, **à savoir** d'épouse et de mère
(9) c'est **le mensonge** déguisé en vérité dogmatique
(10) Dieu se trouve dans **l'inaction**

(G) *Etudiez les définitions et exemples suivants:*

un/une ultra – un/une extrémiste (politique, etc.).
ex. **Il se trouvait affronté par les ultras des deux partis.**

singer – imiter à l'instar d'un singe.
ex. **Il ne peut pas s'empêcher de singer les gens.**

une ouaille – terme employé dans le Nouveau Testament pour signifier «brebis» (dans un contexte chrétien).
ex. **Le curé s'occupe de ses ouailles.**

hétérogène – se dit de quelque chose qui est composé d'éléments différents.
ex. **C'est une classe vraiment hétérogène.**

un trémolo – un mouvement de vibration dans un instrument de musique ou dans une voix humaine.
ex. **Il a débité ces phrases avec des trémolos dans la voix.**

(H) *Complétez les définitions en cherchant les mots requis dans le passage et inventez une phrase dans laquelle vous vous servez du terme en question*:

(1) Quelqu'un qui fait preuve de génie ou d'une grande vertu est quelqu'un de . . .
ex.
(2) Bavarder avec quelqu'un, c'est . . . avec quelqu'un.
ex.

(3) Une concordance d'idées ou de sentiments est une . . .
ex.
(4) Etre amoureux de quelque chose, c'est en être . . .
ex.
(5) Une société dans laquelle le pouvoir politique règne souverainement est une société . . .
ex.

(I) *Trouvez les constructions verbales qui contiennent «à» suivi d'un infinitif dans le passage.*

Classifiez sous les catégories suivantes le vocabulaire pertinent dans le passage:
(1) les substantifs abstraits féminins
(2) les différents signes de ponctuation

(J) *Trouvez les expressions françaises dans le passage dont la traduction anglaise est écrite ci-dessous*:

(1) Yes, it is quite right that women should want to flee from this rôle of 'angel' . . .
(2) When you look at the current state of the planet, there isn't much reason to be proud of the result.
(3) The Pope . . . would do well to remind his flock of the marvellous line by Angelus Silesius . . .

(K) *Le M.L.F.*

Cherchez autant d'informations que possible sur le M.L.F. (ses origines, son rayon d'action, son magazine, son hymne, etc.). Rassemblez tous les renseignements et écrivez une petite brochure au sujet du mouvement féministe en France. Consultez surtout la bibliographie.

NOUS
AURONS
LES
ENFANTS
QUE
NOUS
VOULONS

2 Triage et application

(A) *Créez une phrase en utilisant les termes suivants:*

ex. mort, féminisme, sexe, se combattre
➔ **Le féminisme est un champ de bataille où les deux sexes se combattent à mort.**

(1) vérité, femme, écrire, sexiste
(2) esclave, désirer, travail, carrière
(3) illusion, se retrouver, douleur, passion
(4) enfermer, fier de, épouse, infortuné

(Le choix des formes et des temps est à vous.)

(B) *Copiez et complétez le tableau ci-dessous:*

féminisme	—	féministe
	—	souverain
gloire	—	
	—	pessimiste
	—	totalitaire
exemple	—	
	—	dogmatique
complémentarité	—	
	—	merveilleux
spécificité	—	
	—	ennuyeux
illusion	—	
	—	hétérogène

Quels sont les substantifs abstraits qui trouvent leur origine dans les verbes suivants?

se méfier de, convaincre, considérer, inspirer, tenter de, désirer, envier, accorder

(C) *Trouvez la définition correcte de chacun des mots en marge*:

(1)	qui est d'une extrême délicatesse ou d'une subtilité remarquable	**génie**
(2)	qui est admirable ou remarquable	**contemporain**
(3)	le principe spirituel de l'homme ou l'ensemble des états de conscience	**ange**
(4)	aptitude supérieure de l'esprit	**exquis**
(5)	qui se déroule au moment où l'on parle	**dieu**
(6)	qui est du même temps que	**raffiné**
(7)	un être spirituel qui joue le rôle d'un intermédiaire ou d'un messager	**âme**
(8)	un être spirituel doué d'un pouvoir sur l'homme	**actuel**

(D) *Consultez un dictionnaire pour trouver et mémoriser des expressions idiomatiques françaises qui contiennent les mots suivants*:

(1) ange (2) bouche (3) sort (4) dieu (5) guerre
(6) âme (7) tenir (8) entre (9) lieu (10) espèce

(E) *En consultant (G) de la première section du chapitre (à la page 114), définissez les mots et termes suivants*:

(1) une chimère (2) âcre (3) le pape (4) choquer
(5) pessimiste

(F) *Antonymes et synonymes*

(1) *Donnez le contraire des termes suivants*:
permanent libre à la mode
la gloire universel

(2) *Trouvez un synonyme aux termes ci-dessous*:
se mettre à grossier sournois
ridicule parvenir à

(G) *Deuxième sexe – première place?*

Tout le monde dans la classe cherche un certain nombre de termes relatifs au féminisme et à la guerre des deux sexes. La classe se divise en deux équipes: c'est à chaque équipe de deviner la signification des termes offerts par les adversaires.
(ex. phallocrate / femme au foyer / gagne-pain / macho)

Cherchez aussi des renseignements et des statistiques sur le travail féminin et les salaires féminins en France, et dessinez un diagramme contenant les données pertinentes.

(H) *Conjuguez dans l'ordre indiqué par les flèches*:

Présent ➔ passé composé ➔ plus-que-parfait ➔ imparfait ➔ passé simple ➔ futur ➔ conditionnel.

(1) **écrire** sur les femmes (ils)
(2) **convaincre** ses contemporains (elle)
(3) **se mettre** à vivre (on)
(4) **rappeler** un vers à nos amis (nous)

Choisissez le temps et la forme corrects:

(1) Dans sa correspondance à sa cousine, Louise, le feu roi ... «Le loisir est le souverain bien de toute civilisation». (écrire)
(2) Si les hommes du jury l'avait entendu parler, il les ... (convaincre)
(3) «Holà, vous autres! ... à vivre!» (se mettre)
(4) « ... -moi cette maxime de la Rochefoucauld, s'il te plaît.» (rappeler)

(I) *Insérez «où» ou «que» dans les phrases suivantes*:

(1) le jour ... il arriva
(2) un jour ... il se dirigeait vers la mairie
(3) au moment ... il rentra
(4) à partir du moment ... il nous révéla le secret
(5) une après-midi d'août ... elle faisait la lessive

(J) *Suivant le modèle, répondez aux questions ci-dessous*:

Modèle Q: Elles ne sont pas encore libres? (TRAVAILLER)
R: Non, **elles ne seront libres que le jour où elles travailleront.**

(1) Q: Elle n'est pas contente? (MENER UNE VIE INDEPENDANTE)
R: Non, ...
(2) Q: Tu n'as pas peur? (VOIR UN FANTOME)
R: Non, ...
(3) Q: Ils n'osent partir? (RECEVOIR LA DEPECHE DU COLONEL)
R: Non, ...

(4) Q: Il ne sait pas la vérité? (DEVENIR MOINS RETIF)
R: Non, . . .

(K) *Complétez les phrases suivantes*:

(1) Il est naturel qu'elles . . . fières de ce résultat. (être)
(2) Il faut que tu lui . . . ce week-end. (écrire)
(3) Il est légitime que nous leur . . . les règlements. (rappeler)
(4) Je fais la distribution pour que la nourriture . . . à tout le monde. (suffire)
(5) Il est légitime qu'il . . . plus que les autres. (valoir)

(L) *Complétez les phrases suivantes*:

(1) C'est le meilleur livre que j' . . . jamais lu.
(2) C'est le seul homme qui . . . capable de le faire. (être)
(3) Elle dit que c'est le film le plus amusant qu'elle . . . jamais vu.
(4) Ce sont les premiers employés qui . . . eu le courage de démissionner.
(5) C'est le plus petit cabanon qu'on . . . s'imaginer. (pouvoir)

(M) *Insérez la préposition correcte dans les expressions suivantes et traduisez-les en anglais*:

(1) . . . définitive
(2) . . . la mode
(3) . . . un ton sévère
(4) . . . une voix stridente
(5) . . . particulier
(6) . . . conséquent
(7) . . . conséquence
(8) . . . la rigueur
(9) . . . tout cas
(10) . . . tous les cas
(11) . . . présent
(12) . . . général
(13) . . . l'avenir
(14) . . . permanence
(15) . . . ici là
(16) . . . ces entrefaites
(17) . . . plusieurs reprises
(18) . . . cesse
(19) . . . notre époque
(20) . . . cette lumière
(21) cinq . . . dix
(22) . . . mon avis
(23) . . . nos jours
(24) . . . ce moment
(25) . . . ce moment-là
(26) . . . couleur de
(27) . . . pratique
(28) . . . théorie
(29) . . . la longue
(30) . . . outre
(31) . . . propos de
(32) . . . tant que
(33) . . . cette manière
(34) . . . principe
(35) . . . partir de
(36) . . . l'ordre de
(37) . . . plein air
(38) . . . l'ensemble

(39) ... rapport à
(40) ... perpétuité
(41) ... effet
(42) ... vrai dire
(43) ... vérité
(44) ... l'essentiel
(45) ... moyenne
(46) ... l'inverse
(47) ... le règne de
(48) ... d'autres termes
(49) ... point
(50) ... fin de compte

(N) *Défense d'afficher?*

Vous devez créer des affiches pour une manifestation du M.L.F. Les affiches doivent montrer les opinions des féministes à propos des cinq sujets suivants:

(1) le droit de travailler
(2) les salaires féminins
(3) la contraception
(4) l'avortement
(5) la phallocratie

Trouvez des formules concises et frappantes!

3 Assimilation

(A) *Résumé*

Résumez le texte en 10 phrases simples.
OU
Résumez les trois premiers paragraphes en 75 mots.

(B) *Expansion*

Vous voyez ci-dessous des extraits d'une chanson composée par une féministe pour une grande manifestation du M.L.F. Inventez d'autres vers pour compléter la chanson:

(C) *Expansion orale*

Divisez-vous en paires. Chaque paire doit présenter un dialogue improvisé entre l'auteur de l'article, Gabriel Matzneff, et une féministe extrémiste qui croit qu'il a mal représenté les attitudes et les opinions de la cause féministe.

(D) *Nouvelle situation*

Reproduisez une lettre écrite au magazine *Elle* par une femme qui se croit exploitée, et dans laquelle elle se plaint de son sort.

(E) *Point de vue différent*

(1) Une femme d'un certain âge, contente de sa façon de vivre et de son rôle au foyer, écrit une lettre à un journal dans laquelle elle se moque du féminisme. Ecrivez la lettre.

OU

(2) Un «macho» a l'occasion de parler avec une femme ministre, et la conversation tourne nécessairement autour du féminisme. Ecrivez le dialogue.

(F) *Narration*

Vous voulez écrire une petite rédaction dans laquelle vous comparez le «standing» des femmes en France et en Angleterre (le droit au travail, les salaires, les responsabilités, les droits parentaux, l'influence sociale, les activités de loisir, etc.). Donnez le schéma de cette rédaction.

(G) *Les femmes et le féminisme*

(1) *Traduisez en anglais*:

Conférence mondiale pour la femme

Cinquante et un pays parmi lesquels la France en la personne de Monique Pelletier, ministre de la Famille et de la Condition féminine, ont signé la convention sur l'élimination de toutes les formes de discrimination à l'égard des femmes adoptée le 18 décembre 1979 par l'O.N.U.

Cette convention qui fait suite à de nombreux textes sur le même sujet (parmi lesquels la déclaration des Nations unies de 1975) prétend «donner la mesure de l'exclusion et des restrictions dont les femmes sont l'objet du seul fait qu'elles sont femmes». Elles abordent les domaines les plus divers allant de la politique ... au sport, en passant par l'éducation, l'emploi, le mariage, la maternité, la santé et la nationalité et même «les prêts hypothécaires et autres formes de crédit bancaire».

La convention met l'accent sur l'importance du rôle social de la maternité et la «responsabilité commune de l'homme et de la femme dans le soin d'élever leurs enfants». Elle souligne «que la procréation ne doit pas être une cause de discrimination». Elle incite les Etats à accorder aux femmes des droits égaux à ceux des hommes, en ce qui concerne l'acquisition, le changement et la conservation de la nationalité. Elle assure à l'homme et à la femme les mêmes droits dans le mariage et dans les rapports familiaux.

Janine Frossard: «La France signe la convention de l'O.N.U. contre la discrimination» (*Le Figaro*, juillet 1980)

(2) *Traduisez en français*:

The M.L.F. march and demonstration arranged in Paris on 6th October 1979 caused quite a stir, it seems, in feminist circles, for many of the intellectuals behind the movement saw this as a renewed attempt to slate the Right for its uncompromising attitude to the question of abortion, whilst others were just pleased to meet up with old friends and comrades once again.

The preparations had taken some time, and a number of left-wing parties had been persuaded to support the protest march, from the P.S.U. to the 'Friends of the Earth'. The day when it took place banners and placards could be seen in the streets of Paris. "The most colourful march I've ever seen!" exclaimed one lady passer-by.

On the whole, it was a peaceful march, political acronyms having been banned, but Françoise Gaspard, a European M.P. and the mayor of Dreux, decided to sport her municipal bands.

For the feminist élite it was a worthwhile event, but the fact remains that they won't be happy until such demonstrations are rendered unnecessary by better legislation for women in France. Women's Lib. shouldn't have to be continually brought up for discussion, they feel, for equal rights for men and women in all fields of life should be part of our everyday philosophy.

(H) *Débat*

La classe se divise en deux pour discuter la proposition suivante:

«Le féminisme: mouvement souhaitable ou passe-temps frivole?»

(I) *Dissertation*

«Le féminisme est partout voué à l'échec, car il n'est ni nécessaire ni influent.» (300 à 350 mots)

9

Egaux,

AUX ANTILLES De notre correspondant

Sous le signe du racisme ?

Fort-de-France – L'année scolaire 1978–1979 a été marquée par des violences à caractère racial dans plusieurs lycées des Antilles. Certains de ces incidents connaissent, en ce début septembre, des développements judiciaires. Un procès vient d'avoir lieu le 7 septembre à Fort-de-France, tandis qu'une instruction est en cours à Trinité.

Au lycée d'enseignement professionnel du Lamentin, la deuxième ville de la Martinique, on n'a pas compté moins de cent vingt jours de grève pendant l'année scolaire 1978–1979. Au lycée de Baimbridge, à la Guadeloupe, une bataille rangée a opposé élèves d'origine métropolitaine et élèves guadeloupéens. A l'origine des incidents, le port par une jeune élève métropolitaine d'un tee-shirt portant l'inscription : «**Je suis raciste, je n'aime pas les nègres**».

A la cité scolaire de Trinité, les élèves, soutenus très activement par certains professeurs martiniquais, avaient exigé le licenciement de deux professeurs métropolitains, MM. Vilpoux et Charpentier, qu'ils accusaient de racisme. Et ils dénonçaient ce qu'ils appelèrent «**le blanchiment de l'enseignement dans leur établissement**». Il est vrai que 75% des professeurs de cette cité scolaire sont métropolitains et ont parfois du mal à comprendre et à être compris de la population scolaire qu'ils enseignent. Des mouvements de grève intermittents ont duré plus d'un mois et des bagarres, là encore, ont éclaté entre professeurs, lycéens et parents d'élèves. Huit élèves, six professeurs et un parent d'élève de cette cité scolaire sont inculpés de «**séquestration, introduction irrégulière dans les lieux affectés à un service public, vol, dégradation de matériel**». Au Marin, un professeur martiniquais, M. Albert Oscar, et son chef d'établissement, M. Gilbert Olivieri, en sont venus aux mains et ont porté plainte auprès du procureur de la République. Le parquet de Fort-de-France n'a pas jugé utile de donner suite à la plainte de M. Oscar mais il a fait droit à celle de M. Olivieri.

Dans les chefs d'accusation, il n'est à aucun moment question de racisme, mais ici l'opinion publique ne retient de tout cela qu'un fait : une série de conflits entre Blancs et Noirs va être portée devant les tribunaux et, une fois de plus,

mais différents?

selon elle, ce sera, à tort, les Martiniquais qui seront traités d'agresseurs et de racistes.

Procès houleux

Le procès de M. Albert Oscar, le 7 septembre devant le tribunal correctionnel de Fort-de-France, a été houleux. L'un des cinq avocats du professeur martiniquais, Me Darsières, ancien bâtonnier, secrétaire général du parti progressiste martiniquais, adjoint au maire de Fort-de-France, a quitté l'audience en compagnie de son client, des autres avocats de la défense et de la foule importante venue assister au procès, s'estimant empêché de défendre son client. C'est la deuxième fois en vingt-cinq ans qu'un tel incident se produit au palais de justice de Fort-de-France.

Le jugement a cependant été rendu sur-le-champ : six mois de prison, dont trois fermes et 3000 francs d'amende. Plusieurs militants des partis politiques de l'opposition ont, au cours de réunions tenues dans les quartiers, suggéré de ne pas faire appel de ce jugement et de s'opposer, physiquement au besoin, à son application. Mais il semble que les avocats de M. Oscar sont, eux, décidés à faire appel.

Quant aux plaignants de La Trinité, ils vont commencer à comparaître devant le juge d'instruction le 19 septembre.

Le nouveau recteur de l'académie, M. Jean-Pierre Chaudet, a déclaré : «**Par conviction, par formation, je suis juriste. Il ne m'appartient pas de porter de jugement sur les décisions de la justice, mais je ne peux que condamner toute action raciste de quelque origine qu'elle soit, car le racisme, surtout dans le monde scolaire dont la population est jeune, malléable et prépare l'avenir, est la pire des choses.**»

Le recteur a ajouté d'autre part : «**Je ne crois pas biologiquement, scientifiquement, à la notion de seuil de tolérance, même si certains, lorsqu'ils estiment qu'une minorité ethnique se fait trop importante dans un pays donné, se croient autorisés à provoquer des troubles.**»

Pourtant, chez nombre de personnalités politiques de la Martinique, de l'opposition comme de la majorité, le problème essentiel à résoudre aujourd'hui n'est plus celui du choix entre l'autonomie et l'indépendance, mais bel et bien celui de la coexistence pacifique aux Antilles des métropolitains et des Antillais. M. Aimé Césaire, le député et maire de Fort-de-France (apparenté socialiste), avait accusé M. Olivier Stirn, lorsqu'il était secrétaire d'Etat aux DOM-TOM, de préparer contre le peuple martiniquais un «**génocide par substitution**» (remplacement de la population autochtone par une population venue de l'Hexagone). Aujourd'hui, il semble que la réaction de rejet se manifeste de plus en plus clairement puisqu'elle atteint les jeunes dans les lycées. On se sert de l'appareil judiciaire pour tenter de l'enrayer.

Firmin Reneville

(Le Monde)

1 Rassemblement

(A) *Répondez aux questions suivantes*:

(1) Quels sont les deux «développements judiciaires» mentionnés dans l'article?
(2) Expliquez ce que c'est qu'un lycée d'enseignement professionnel.
(3) Comment l'hostilité entre les élèves métropolitains et les élèves martiniquais s'est-elle souvent manifestée pendant l'année scolaire 1978–1979?
(4) Qu'est-ce qui s'est passé à la Guadeloupe?
(5) Pourquoi les élèves de la cité scolaire de Trinité à la Martinique avaient-ils exigé le licenciement de deux professeurs?
Est-ce qu'ils avaient agi de leur propre initiative?
(6) Quel est le problème essentiel qui existe entre professeurs et élèves dans cette cité scolaire?
(7) Les quinze personnes inculpées ont-elles été accusées de vandalisme?
(8) Qu'est-ce qui s'est passé entre M. Oscar et M. Olivieri?
(9) Laquelle des deux plaintes a été favorablement reçue par le parquet du chef-lieu?
(10) Comment l'opinion publique envisage-t-elle la situation?
(11) Le procès de M. Oscar s'est-il déroulé en silence?
(12) Pourquoi Me Darsières a-t-il quitté l'audience?
(13) Quelle est la différence entre la protestation contre le jugement de M. Oscar qui a été proposée par les militants de l'opposition politique et celle qui a été proposée par les avocats?
(14) Quelle est l'attitude de M. Chaudet envers l'appareil judiciaire?
(15) Pourquoi a-t-il tellement horreur du racisme dans le monde scolaire?
(16) Que veut dire l'expression le «seuil de tolérance»?
(17) Comment le problème essentiel de la Martinique a-t-il changé aux yeux des politiciens?
(18) M. Césaire est-il en faveur d'une colonisation plus intense de la Martinique par les Français?
(19) Que veut dire le sigle «DOM-TOM»?
(20) Qu'est-ce qu'on a remarqué chez les jeunes lycéens à la Martinique?

(B) *Copiez et complétez le résumé de l'article*:

Région en question:
La population – identité et coexistence:
L'année scolaire 1978–1979 à la Martinique:
Les incidents à la Guadeloupe:
Les événements à la cité scolaire de Trinité:
Le rapport professeur-élève:
Les inculpations:
Les événements au Marin:
La résolution et l'attitude du parquet:
L'opinion publique:
Le procès et le jugement de M. Oscar:
L'énoncé de M. Chaudet – la justice:
– le racisme:
– le seuil de tolérance:
La Martinique et un changement de priorités politiques:
L'accusation lancée par M. Césaire:
L'atmosphère chez les jeunes lycéens à la Martinique:

(C) *Copiez et étudiez les mots-clés et formules du passage*:

des violences à caractère racial
«le blanchiment de l'enseignement dans leur établissement»
Des mouvements de grève intermittents – et des bagarres . . .
un professeur martiniquais – et son chef d'établissement
les Martiniquais . . . seront traités d'agresseurs et de racistes
Le procès . . . devant le tribunal correctionnel de Fort-de-France . . .
six mois de prison, dont trois fermes et 3 000 francs d'amende
je ne peux que condamner toute action raciste de quelque origine qu'elle soit
La coexistence pacifique aux Antilles des métropolitains et des Antillais . . .
génocide par substitution
la réaction de rejet

(D) *Copiez et complétez les phrases suivantes*:

(1) Un procès vient – avoir lieu – 7 septembre – Fort-de-France, tandis qu'une instruction est – cours – Trinité.
(2) – est vrai que 75% des professeurs – cette cité scolaire sont métropolitains et ont parfois du mal – comprendre et – être compris – la population scolaire qu'ils enseignent.

(3) ... et, une fois – – , selon elle, ce sera, – tort, les Martiniquais qui seront traités – agresseurs et – racistes.
(4) Plusieurs militants des partis politiques – l'opposition ont, – cours de réunions tenues dans les quartiers, suggéré de – – faire appel – ce jugement...
(5) ... le problème essentiel – résoudre aujourd'hui n'est plus – du choix entre l'autonomie et l'indépendance, mais bel et bien – de la coexistence pacifique – Antilles des métropolitains et des – .

(E) *Selon l'article, les phrases suivantes sont-elles vraies ou fausses?*

(1) Non seulement les professeurs et les élèves mais aussi les parents ont participé aux bagarres à la Martinique.
(2) Lamentin est une toute petite ville martiniquaise.
(3) On cherche à mettre fin à la réaction de rejet chez les jeunes lycéens martiniquais au moyen de la force.
(4) Les spectateurs ont suivi Me Darsières quand il a quitté l'audience.
(5) Ce sont surtout les politiciens de l'opposition qui attachent plus d'importance au problème de la coexistence pacifique des métropolitains et des Antillais qu'à la question de l'indépendance.

Maintenant divisez-vous en paires, inventez d'autres phrases vraies ou fausses relatives à l'article et échangez-les contre celles de la paire suivante, etc.

(F) *Trouvez et mémorisez les mots et expressions synonymes dans le passage*:

(1) et ont parfois **de la difficulté** à comprendre
(2) une bataille **organisée**
(3) les lieux **réservés à** un service public
(4) le recteur a ajouté **en outre**
(5) la coexistence **paisible**
(6) sont inculpés d'**emprisonnement illégal**
(7) au cours d'**assemblées**
(8) **accompagné par** son client
(9) l'opinion publique ne **garde** de tout cela qu'un fait **dans sa mémoire**
(10) de ne pas faire appel de cet **arrêt**

(11) M. Albert Oscar et . . . M. Gilbert Olivieri **sont allés jusqu'à se battre**
(12) et de s'opposer, physiquement **s'il le faut**

(G) *Etudiez les définitions et exemples suivants*:

un métropolitain – opposé à **colonial**, c'est une personne qui appartient à la mère patrie.
ex. **Ce sont les métropolitains qui dominent ce territoire.**

éclater – (ici) se manifester tout à coup et brutalement.
ex. **Plusieurs incendies ont éclaté.**

houleux – agité ou troublé (se dit surtout de la mer).
ex. **La réunion a été houleuse.**

un juge d'instruction – un magistrat qui est chargé de rechercher et d'apprécier la culpabilité de quelqu'un qui est poursuivi en justice.
ex. **Il faut tout d'abord comparaître devant le juge d'instruction.**

l'autonomie (f) – le droit de se gouverner par ses propres lois.
ex. **Toute colonie cherche à obtenir son autonomie**.

(H) *Complétez les définitions en cherchant les mots requis dans le passage et inventez une phrase dans laquelle vous vous servez du terme en question*:

(1) Quelque chose qui est relatif à la communauté de langue et de culture d'un groupe d'individus est quelque chose d' . . .
ex.
(2) Faire quelque chose immédiatement, c'est faire quelque chose . . .
ex.
(3) Une circonscription scolaire et universitaire en France s'appelle une . . .
ex.

(4) Un adolescent qui se laisse facilement influencer est un adolescent . . .
ex.

(5) Le délabrement ou la mutilation de quelque chose, c'est la . . . de quelque chose.
ex.

(I) *Trouvez le vocabulaire dans le passage qui est particulier:*

(1) au barreau
(2) à la politique
(3) à l'éducation

Combien de villes sont citées dans l'article?
Nommez-les.

(J) *Trouvez les expressions françaises dans le passage dont la traduction anglaise est écrite ci-dessous*:

(1) . . . accompanied by his client, other lawyers for the defence and the sizeable crowd which had come to watch the trial. . .
(2) It's not for me to pass judgement on the decisions of the law, but I can only condemn any racist action, whatever its origin may be.
(3) And they were denouncing what they called the 'whitewashing of education in their institution'.

(K) *Les départements d'outre-mer*

Trouvez des informations dans des journaux et livres français sur les départements d'outre-mer de l'Hexagone (population, situation géographique, rapport avec ou hostilité envers les Français, colonisation, etc.) et interrogez les autres étudiants sur ce que vous avez découvert.

Cherchez aussi des informations relatives au contrôle des immigrants en France, et comparez le «système» français avec celui qui existe en Angleterre.

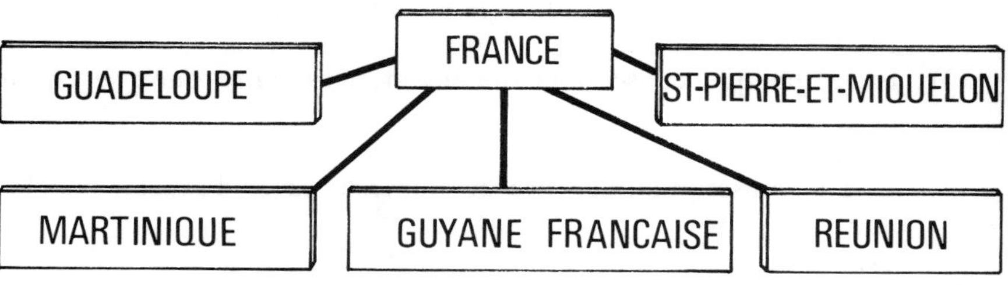

2 Triage et application

(A) *Créez une phrase en utilisant les termes suivants*:

ex. population, rejet, s'opposer à, minorité
➤ **Ceux de la population qui s'opposent aux minorités ethniques sont susceptibles de provoquer une réaction de rejet.**
(1) comprendre, tolérance, racisme, condamner
(2) porter plainte, incident, tribunal correctionnel, comparaître
(3) lycée, accuser, bel et bien, majorité
(4) origine, développer, tenter de, mouvement

(Le choix des formes et des temps est à vous.)

(B) *Copiez et complétez le tableau ci-dessous*:

le racisme	➜	le raciste
la grève	➜	
le service	➜	
la défense	➜	
le début	➜	
la plainte	➜	
l'accusation	➜	
l'opposition	➜	
l'instruction	➜	

Trouvez les verbes à l'origine de ces mots:

établissement	enseignement	inscription	instruction
application	blanchiment	tolérance	substitution

Les mots suivants sont-ils masculins ou féminins?

conflit	avenir	choix	appareil
prison	trouble	signe	génocide
nègre	lycée	audience	peuple

(C) *Consultez un dictionnaire pour trouver et mémoriser des expressions idiomatiques françaises qui contiennent les mots suivants*:

(1) venir (2) question (3) appeler (4) connaître (5) vol (6) préparer (7) Trinité (8) porter (9) appartenir (10) suite

(D) *En consultant (G) de la première section du chapitre (à la page 129), définissez les mots et termes suivants*:

(1) une amende (2) enrayer (3) le parquet (4) donner suite à (5) intermittent

(E) *Antonymes et synonymes*

Donnez le contraire des mots suivants:

indépendance	utile	comprendre
empêcher	ferme	tolérance

Trouvez un synonyme aux termes suivants:

autochtone	autorisé à	déclarer
inculper	clairement	bagarre

(F) *La France et les étrangers*

Expliquez la signification des termes ci-dessous et indiquez le niveau linguistique auquel chaque terme appartient (langue courante, argot, etc.):

un taulier	un passeur d'immigrants
un immigrant **en règle**	refouler
le négrier	le bois d'ébène
l'insertion	le bicot
recaser	un contrôle de moralité
un pied-noir	la régularisation

(G) *Conjuguez dans l'ordre indiqué par les flèches*:

Présent ➔ passé composé ➔ plus-que-parfait ➔ imparfait ➔ passé simple ➔ futur ➔ conditionnel.

(1) **comparaître** devant le tribunal correctionnel (ils)
(2) **se servir** de l'appareil judiciaire (on)
(3) **résoudre** le problème essentiel (il)
(4) **dénoncer** le blanchiment de notre établissement (nous)
(5) **comprendre** la population scolaire (elle)

Choisissez le temps et la forme corrects:

(1) Après qu'ils ... devant le tribunal correctionnel, le procureur rendit son jugement. (comparaître)
(2) Lorsqu'elle ... de l'appareil judiciaire, elle eut recours à la politique. (se servir)
(3) A peine ... il ... le premier problème que le deuxième s'éleva. (résoudre)
(4) Aussitôt qu'elle ... le blanchiment des lycées, elle se vit devenir la risée de tout le monde. (dénoncer)
(5) Quand elles ... la gravité de la situation, elles se mirent à travailler. (comprendre)

(H) *Insérez «de» ou «que» dans les phrases suivantes*:

(1) Il a recasé plus ... 3 000 habitants.
(2) Elle m'agace plus ... jamais.
(3) Tu es plus âgé qu'elle ... sept ans.
(4) Moins ... cinq bateaux font la navette entre les deux îles chaque jour.
(5) Il mange plus ... moi.

(I) *Utilisez les verbes en marge pour compléter les phrases suivantes*:

(1) Il ... bon de s'absenter.
(2) Vous ... nécessaire de formuler vos pensées ? **juger**
(3) Ils ... utile de donner suite à cette plainte. **trouver**
(4) Il ... indispensable de faire droit à son appel. **croire**
(5) Nous ... inutile de le réprimander.

(J) *Suivant le modèle, répondez aux questions ci-dessous*:

Modèle Q: C'est Me Darsières qui a défendu le professeur? (ANCIEN BATONNIER)
R: Oui, **Me Darsières, ancien bâtonnier, l'a défendu.**

(1) Q: C'est Paris que vous avez visité? (CAPITALE COSMOPOLITE DE LA FRANCE)
R: Oui, ...
(2) Q: C'est M. Séguy qui a attaqué le gouvernement? (SECRETAIRE GENERAL DE LA C.G.T.)
R: Oui, ...
(3) Q: C'est Jacques Chirac qui a posé sa candidature à la présidence ? (ANCIEN PREMIER MINISTRE)
R: Oui, ...

(K) *Suivant le modèle, répondez aux questions ci-dessous*:

Modèle Q: Vous êtes contre toute action raciste? (ORIGINE)
R: Oui, **nous sommes contre toute action raciste de quelque origine qu'elle soit.**

(1) Q: Vous êtes contre toute législation financière? (INITIATIVE)
R: Oui, . . .

(2) Q: Vous êtes contre tout recteur d'académie? (FAMILLE)
R: Oui, . . .

(3) Q: Vous êtes contre tout adjoint au maire? (PARTI POLITIQUE)
R: Oui, . . .

(4) Q: Vous êtes contre tout adolescent? (MILIEU)
R: Oui, . . .

(5) Q: Vous êtes contre tout immigrant? (NATIONALITE)
R: Oui, . . .

(L) *Insérez la préposition correcte dans les constructions verbales ci-dessous*:

(1) accuser qqn. . . . faire qqch.
(2) chercher . . . faire qqch.
(3) conseiller . . . qqn. . . . faire qqch.
(4) se préparer . . . faire qqch.
(5) craindre . . . faire qqch.
(6) forcer qqn. . . . faire qqch.
(7) envisager . . . faire qqch.
(8) dire . . . qqn. . . . faire qqch.
(9) tenter . . . faire qqch.
(10) se mettre . . . faire qqch.
(11) empêcher qqn. . . . faire qqch.
(12) continuer . . . faire qqch.
(13) apprendre . . . faire qqch.
(14) éviter . . . faire qqch.
(15) s'amuser . . . faire qqch.
(16) menacer . . . faire qqch.
(17) persuader qqn. . . . faire qqch.
(18) décider . . . faire qqch.
(19) se décider . . . faire qqch.
(20) entreprendre . . . faire qqch.
(21) s'habituer . . . faire qqch.
(22) essayer . . . faire qqch.
(23) permettre . . . qqn. . . . faire qqch.
(24) obliger qqn. . . . faire qqch.
(25) s'excuser . . . faire qqch.
(26) encourager qqn. . . . faire qqch.
(27) prier qqn . . . faire qqch.
(28) commencer . . . faire qqch.
(29) défendre . . . qqn. . . . faire qqch.
(30) résoudre . . . faire qqch.
(31) se résoudre . . . faire qqch.
(32) oublier . . . faire qqch.
(33) finir . . . faire qqch.
(34) promettre . . . qqn. . . . faire qqch.
(35) hésiter . . . faire qqch.
(36) aider qqn. . . . faire qqch.
(37) offrir . . . faire qqch.
(38) faire semblant . . . faire qqch.
(39) s'attendre . . . faire qqch.
(40) remercier qqn. . . . faire qqch.
(41) arriver . . . faire qqch.
(42) demander . . . qqn. . . . faire qqch.
(43) tâcher . . . faire qqch.
(44) inviter qqn. . . . faire qqch.
(45) s'arrêter . . . faire qqch.
(46) avoir envie . . . faire qqch.
(47) réussir . . . faire qqch.
(48) regretter . . . faire qqch.
(49) renoncer . . . faire qqch.
(50) cesser . . . faire qqch.

(M) *Vous voyez ci-dessous des réponses tirées d'une interview (1) avec M. Chaudet et (2) avec M. Césaire. Fournissez les questions qui ont provoqué ces réponses*:

(1) «Non, je suis juriste.»
«Il ne m'appartient pas de faire cela.»
«Non, je la condamne de quelque origine qu'elle soit.»
«Dans le monde scolaire, je crois.»
«Parce qu'elle est jeune et malléable.»
«Non, je n'y crois pas.»
«C'est une réaction contre une minorité ethnique qui se fait trop importante.»

(2) «A mon avis, c'est une espèce de génocide.»
«Non, c'est plutôt un génocide par substitution.»
«Quand il était secrétaire d'Etat aux DOM-TOM.»
«Sans doute est-ce la coexistence pacifique des métropolitains et des Antillais.»
«Impossible à prévoir.»

3 Assimilation

(A) *Résumé*

Cataloguez les incidents à la Martinique et à la Guadeloupe qui sont dépeints dans l'article
OU
Résumez les trois derniers paragraphes en 100 mots.

(B) *Expansion*

Traduisez l'affiche ci-dessous en quelques courtes phrases et expliquez les différentes allusions:

CONTRE LE TERRORISME RACISTE,
CONTRE LA FALSIFICATION DE L'HISTOIRE

LA LIGUE INTERNATIONALE
CONTRE LE RACISME ET L'ANTISEMITISME L.I.C.A.

invite ses adhérents et sympathisants à participer nombreux à la cérémonie du souvenir dédiée aux victimes sans sépulture de la déportation :

DIMANCHE 30 SEPTEMBRE, A 9 h 45 dans la crypte du Mémorial, 17, rue GEOFFROY-L'ASNIER -7500 PARIS

(C) *Expansion orale*

Jouez le rôle de Me Darsières et faites une plaidoirie pour votre client, M. Albert Oscar.

(D) *Nouvelle situation*

M. Oscar rend visite à M. Chaudet pour lui porter plainte. Ecrivez le dialogue qui se produit.

(E) *Point de vue différent*

(1) Un représentant du Front National en France fait un discours sur les incidents à la Martinique. Ecrivez le discours pour lui.

OU

(2) Un élève guadeloupéen écrit ses réactions à ses collègues métropolitains. Reproduisez ce texte.

(F) *Narration*

Choisissez un point névralgique dans le monde où les sentiments racistes se manifestent tous les jours. Etudiez l'histoire et le développement du pays ou de la région en question, et écrivez un petit schéma des informations que vous avez découvertes et qui pourraient être utilisées comme fondement d'une émission télévisée sur le racisme. (Vous pouvez consulter des livres d'histoire et de sociologie et des articles français et anglais.)

(G) *Le racisme et les départements français d'outre-mer*

(1) *Traduisez en anglais:*

La C.G.T. pour l'arrêt de l'immigration

La C.G.T. s'est prononcée hier contre la concentration des immigrés dans certaines localités «afin d'éviter la constitution de ghettos et des charges excessives à ces collectivités locales».

La cinquième conférence nationale C.G.T. sur l'immigration, qui s'est tenue pendant deux jours à Paris, a en effet remanié la charte revendicative de la confédération sur ce sujet. La C.G.T. affirme que dorénavant «doit être mis fin à la politique gouvernementale d'implantation géographique et de regroupement des travailleurs immigrés en vue d'éviter la constitution de ghettos, des charges excessives à certaines collectivités locales, tandis que d'autres collectivités et préfectures refusent impunément de loger des immigrés sur leur territoire».

Ce problème a donné lieu à un débat assez vif. En effet, trois cents personnes participaient à ces assises dont deux tiers d'immigrés. Parmi eux, certains se sont élevés contre cette nouvelle formulation. «Nous ne sommes pas des ordures que l'on doit rejeter mais une richesse pour les villes où nous résidons», a affirmé un travailleur africain, alors qu'un réfugié espagnol mettait en garde la C.G.T. «contre le danger d'une telle formulation».
«La C.G.T. pour l'arrêt de l'immigration» (*Le Figaro,* novembre 1980)

(2) *Traduisez en français:*
It was after he had read Harper Lee's *To Kill a Mocking-bird* that he began to think more carefully about other causes and consequences of racial tension.

That night he dreamt of his own teenage years spent in Nazi Germany, his parents scorned and disowned by neighbours and former friends, the swastikas daubed on the front of their shop, the broken windows, the floods of insults hurled at them in the streets – and then his father being dragged away by the soldiers, probably to a concentration camp, never to be heard of again. His mother had suffered more than her son, because at least he was young enough to start his life again somewhere else.

He woke up with a start and heaved a sigh of relief when he realised that it had all been a nightmare. He was safe now – he, Martin Goldberg, a jeweller in the most fashionable district of Paris – and he thought it was pointless to dwell on the past. Yet that book he had just read remained in his mind: he couldn't help thinking back to that final courtroom scene, the large crowd, the lawyer for the defence shattered by the apparent perversion of justice, the face of the victim . . .

'Yes,' he thought, 'whatever the colour of your skin or your religious ancestry, you always run the risk of being someone else's scapegoat at some stage in your life.'

(H) *Débat*

La classe se divise en deux pour discuter la proposition suivante:

«Le racisme – sentiment naturel chez tous les hommes ou arme politique d'une minorité?»

(I) *Dissertation*

«La colonisation, l'immigration et la nature humaine: trois causes fondamentales du racisme.» (300 à 350 mots)

POINT DE VUE

par Jacques DUQUESNE

Les livres

Que lisait-on sur les plages des vacances voici quelques années? «Les dents de la mer», l'histoire d'un requin qui terrorisait les habitants d'une petite ville côtière des Etats-Unis. Et que lit-on aujourd'hui? Parmi les succès de l'été figurent déjà «Black out», le récit d'une terrible panne d'électricité sur la côte ouest des Etats-Unis, et «Le tueur des mers», qui met en scène un gigantesque super-pétrolier, le «Léviathan», auprès duquel l'«Amoco Cadiz» ressemblerait à une barquette.

Autrement dit, quand nous voulions nous offrir des frissons d'épouvante, nous avions recours naguère à des monstres imaginaires surgis du fond des mers ou des entrailles de la planète. Mais aujourd'hui, nous invoquons des monstres réels, fabriqués par nous, produits par le génie humain. Jadis, l'homme craignait la nature et ses fléaux. A présent, elle lui fait moins peur que ses propres inventions. Les terreurs d'aujourd'hui ne s'appellent plus peste, raz de marée, éruption volcanique, mais catastrophe nucléaire ou pollution. Et c'est un phénomène récent: il existait des centrales nucléaires voici seulement cinq ans, mais peu nombreux étaient ceux qui s'en inquiétaient vraiment; il y a des usines polluantes depuis l'origine de l'industrialisation, mais rares étaient ceux qui s'en préoccupaient. Aujourd'hui, les risques que ces prodigieuses machines font courir obsèdent tout le monde.

Est-ce à tort, et faut-il se moquer de ces craintes? Ce n'est pas certain. Souvenez-vous de l'émotion provoquée par l'accident du D.C. 10 à Chicago, le 25 mai dernier, qui fit 275 victimes. Dans l'histoire de l'aviation, on avait connu de plus grandes catastrophes. Et ces 275 morts n'empêcheront pas que l'avion reste l'un des moyens de transport les plus sûrs, après le train mais loin devant la voiture. Alors, pourquoi tant d'émotion? Parce que, semble-t-il, l'accident est dû à la fissure d'une petite plaque de métal faisant partie du support d'un des moteurs de l'avion. Autrement dit, bien que les avions de ligne soient soumis régulièrement à de multiples vérifications, la fissure d'une petite plaque de métal parmi des centaines d'autres peut provoquer un malheur. D'un coup, nous prenons conscience de la fragilité de nos appareils.

Or, il ne faut pas nous leurrer, nous ne

l'avenir

noirs de l'été

pouvons pas échapper à cette fragilité. Pour réaliser un appareil aussi complexe qu'un D.C. 10 – ou un Boeing, ou un Airbus, peu importe – des techniques très diverses doivent s'unir: métallurgie (résistance des matériaux, etc.), mais aussi aérodynamique, électronique, et ainsi de suite. Tout doit être calculé, si l'on peut dire, au millimètre. Et personne, vraiment personne, ne peut exclure le risque d'une erreur, ou d'une négligence, minime certes, mais fatale.

C'est ce que nous a rappelé l'affaire du D.C. 10. Or, quand tombe un avion, c'est évidemment un drame qui fait des centaines de victimes: pas seulement les morts ou les blessés, également leurs familles ou leurs amis. Mais le drame se circonscrit, si l'on peut dire, à ces gens-là. Cela ne va pas plus loin.

Pour une centrale nucléaire, c'est une tout autre affaire, et c'est pourquoi le débat à propos des centrales est si crucial. Car là aussi, de multiples techniques sont mises en œuvre. Et là aussi, personne ne peut garantir une absolue sécurité. Absolument personne, quoi qu'on dise. Or, le risque est d'une tout autre nature. Il ne peut être circonscrit ni limité. On ne se contente pas de compter les morts de l'explosion en se disant qu'ensuite, heureusement, c'est fini.

Le drame, avec le nucléaire, c'est que la radioactivité poursuit son travail de mort pendant des années et des années, sans que rien ne puisse l'arrêter. C'est la catastrophe prolongée. La durée de la radioactivité varie selon les produits: la période de l'iode-131 n'est que de huit jours, mais celle du strontium-90 est de vingt-huit ans. Et celle du plutonium atteint vingt-quatre mille quatre cents ans.

Alors, il est peut-être possible que nous n'ayons pas d'autre issue que de créer des centrales nucléaires tant que les Français ne voudront pas changer de style de vie, qu'il leur faudra consommer beaucoup d'énergie, et qu'on n'en trouvera pas beaucoup ailleurs. Mais que l'on ne prétende pas que c'est sans risque. Le risque est énorme. Et les lecteurs de livres de l'été n'ont pas tort de se donner le grand frisson: l'humanité n'a jamais, vraiment jamais, suspendu au-dessus de sa tête autant d'épées de Damoclès, de si imposantes et d'aussi durables.

(Ouest-France)

1 Rassemblement

(A) *Répondez aux questions suivantes:*

(1) Les deux premiers livres cités dans l'article font-ils partie d'une littérature d'évasion?
(2) Quelle est la différence fondamentale entre les best-sellers qu'on lisait il y a quelques ans et ceux qu'on préfère maintenant?
(3) Comment l'auteur souligne-t-il les dimensions énormes du «Léviathan»?
(4) Selon M. Duquesne, pourquoi a-t-on recours à ces «livres noirs»?
(5) Comment l'attitude de l'homme envers la nature a-t-elle radicalement changé?
(6) Est-ce que la crainte de la pollution et du nucléaire existe depuis longtemps?
(7) L'accident du D.C. 10 à Chicago avait-il nui à la réputation ou à la popularité de l'avion?
(8) Selon l'article, quel est le moyen de transport le plus sûr?
(9) Pourquoi le public a-t-il manifesté tant d'émotion lors de cet accident à Chicago?
(10) Qu'est-ce que cet accident a prouvé à tout le monde?
(11) Qu'est-ce que c'est qu'un avion de ligne?
(12) S'agit-il tout simplement d'une seule technique spécialisée dans la construction d'un avion de ligne?
(13) En quoi la manière de construire ces appareils contribue-t-elle au problème des accidents?
(14) Pourquoi une catastrophe aérienne semble-t-elle moins terrifiante qu'un désastre nucléaire?
(15) En quoi l'entretien d'un avion de ligne et la surveillance des opérations dans une centrale nucléaire sont-ils pareils?
(16) Pourquoi le drame d'une explosion nucléaire n'est-il jamais vraiment fini?
(17) Des trois produits radioactifs mentionnés dans le passage lequel est (a) le plus dangereux (b) le moins dangereux?
(18) Quelles sont les trois conditions qui nous permettraient d'échapper à la menace nucléaire?
(19) Expliquez l'allusion à l'épée de Damoclès.
(20) Quelle est la réaction évidente de l'auteur à un avenir gouverné par le nucléaire? Choisissez trois phrases dans le passage qui font ressortir cette attitude.

(B) *Copiez et complétez le résumé de l'article:*

Les best-sellers d'il y a quelques années:
Les nouveaux monstres:
Attitude de l'homme envers la nature:
Crainte de la pollution et du nucléaire:
L'accident du D.C. 10 à Chicago – victimes:
– émotion:
– cause:
– signification:
La construction d'un avion:
L'entretien d'une centrale nucléaire:
Le nouveau risque:
La radioactivité:
L'avenir:

(C) *Copiez et étudiez les mots-clés et formules du passage:*

Mais aujourd'hui, nous invoquons des monstres réels . . .
c'est un phénomène récent
faut-il se moquer de ces craintes?
nous prenons conscience de la fragilité de nos appareils
personne ne peut garantir une absolue sécurité
C'est la catastrophe prolongée.
l'humanité n'a jamais . . . suspendu au-dessus de sa tête autant d'épées de Damoclès

(D) *Copiez et complétez les phrases suivantes:*

(1) . . . le «Léviathan», auprès – l'«Amoco Cadiz» ressemblerait – une barquette.
(2) . . . il existait des centrales nucléaires – seulement cinq ans, mais peu nombreux étaient – qui s' – inquiétaient vraiment.
(3) Et ces 275 morts n' – pas que l'avion reste – des moyens de transport – – sûrs.
(4) Autrement dit, bien que les avions de ligne – soumis régulièrement – – multiples vérifications . . .
(5) Alors, il est peut-être possible que nous n' – pas – autre issue – – créer des centrales nucléaires tant que les Français ne – pas changer – style de vie . . .

(E) *Selon l'article, les phrases suivantes sont-elles vraies ou fausses?*

(1) Selon l'auteur, l'homme est comme un docteur Frankenstein fasciné par ses propres inventions.
(2) Les avions de ligne sont sporadiquement vérifiés par les autorités.
(3) Peu de gens avaient peur des centrales nucléaires au début.
(4) L'accident du D.C. 10 est la plus grande catastrophe aérienne jusqu'ici.
(5) En France le «non» au nucléaire aboutirait nécessairement au rationnement de l'énergie.

Maintenant divisez-vous en paires, inventez d'autres phrases vraies ou fausses relatives à l'article et échangez-les contre celles de la paire voisine, etc.

(F) *Trouvez et mémorisez les mots et expressions synonymes dans le passage:*

(1) **quoique** les avions de ligne soient
(2) **à côté duquel** l'«Amoco Cadiz» ressemblerait à une barquette
(3) le débat **au sujet des** centrales
(4) **exposé** régulièrement **à** de multiples vérifications
(5) **en d'autres termes,** quand nous voulions nous offrir
(6) Parce que, **paraît-il,** l'accident est dû à
(7) mais aussi aérodynamique, électronique, **etc.**
(8) Est-ce **pour de mauvaises raisons?**
(9) nous **recourions** naguère à des monstres
(10) pas seulement les morts et les blessés, **mais aussi** leurs familles
(11) **nous nous apercevons de** la fragilité de nos appareils
(12) Mais le drame **se limite . . . à** ces gens-là.

(G) *Etudiez les définitions et exemples suivants:*

un fléau – une calamité ou un désastre qui fait beaucoup de victimes.
ex. **Les fléaux de la nature sont nombreux.**

d'un coup – expression qui veut dire «soudain».
ex. **D'un coup il a compris le problème.**

crucial – capital; très important.
ex. **C'est le moment crucial.**

échapper à – éviter quelque chose en s'enfuyant.
ex. **Grâce à sa cachette il a échappé à la mort.**

un super-pétrolier – un navire citerne gigantesque qui transporte le pétrole en vrac.
ex. **Bon nombre de super-pétroliers ont coulé à pic dans cet océan.**

peu importe! – une exclamation qui veut dire «cela n'a pas d'importance».
ex. **Elle n'a même pas écrit, mais peu importe!**

se leurrer – se faire des illusions.
ex. **Elle passe sa vie à se leurrer.**

(H) *Cherchez les mots requis dans le passage afin de compléter les définitions suivantes et inventez une phrase dans laquelle vous vous servez du terme en question:*

(1) Une usine qui produit de l'électricité, qu'elle soit thermique, hydroélectrique ou nucléaire, s'appelle une . . .
ex.
(2) Quelque chose d'extrêmement grand est quelque chose de . . .
ex.
(3) Mettre une autre paire de chaussures, c'est . . . de chaussures.
ex.
(4) Un ensemble de procédés scientifiques destinés à la production de quelque chose s'appelle une . . .
ex.
(5) Etre satisfait de quelque chose, c'est se . . . de quelque chose.
ex.

(I) *Trouvez les verbes pronominaux dans le passage.*

Classifiez sous les catégories suivantes le vocabulaire pertinent dans le passage: (1) les participes passés employés comme adjectifs
(2) les expressions négatives
(3) les questions rhétoriques

(J) *Trouvez les expressions françaises dans le passage dont la traduction anglaise est écrite ci-dessous:*

(1) . . . imaginary monsters rising from the depths of the seas or from the bowels of the earth.

(2) The tragedy of nuclear power is that the radioactivity continues its deadly work for years and years, without anything being able to stop it.

(3) Polluting factories have been in existence since the beginnings of industrialisation, but those who were anxious about them were few and far between.

(K) *Les noyaux de résistance?*

Consultez le plan des centrales nucléaires françaises ci-dessous:

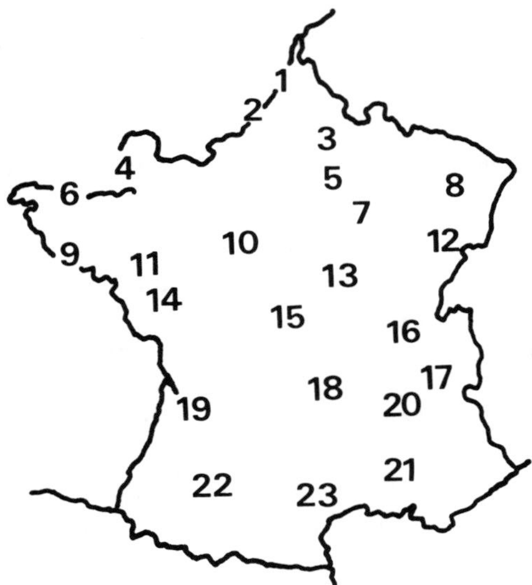

1 GRAVELINES ■□□○○
2 PALUEL □□○○
3 PENLY ○○○○
4 FLAMANVILLE □□○○
5 CHOOZ ■○○○○
6 BRENNILIS ■
7 NOGENT ○○
8 CATTENOM ○○○
9 PLOGOFF ○○○○
10 DAMPIERRE ■□□□
11 LE PELLERIN ○○○○
12 FESSENHEIM ■■
13 BELLEVILLE ○○○○
14 CHINON ■■○○
15 S LAURENT ■■□□
16 BUGEY ■■■■■
17 CREYS MALVILLE □
18 SAINT ALBAN ○○○○
19 LE BLAYAIS □□○○
20 CRUAS ○○○○
21 TRICASTIN ■□□□
22 GOLFECH ○○○○
23 MARCOULE ■■■

■ centrales nucléaires en existence (en 1981)
□ centrales nucléaires en train d'être construites (en 1981)
○ centrales nucléaires projetées (en 1981)

Retracez l'histoire d'une centrale nucléaire française (construction, réactions du public, etc.). En parcourant des journaux français, essayez de définir les différentes attitudes des partis politiques français envers la question du nucléaire et dessinez un tableau qui représente les informations que vous avez trouvées.

2 Triage et application

(A) *Créez une phrase en utilisant les termes suivants:*

ex. gigantesque, histoire, faire peur à, requin
➔ **L'auteur de cette histoire d'un requin gigantesque n'a d'autre but que de faire peur à ses lecteurs.**
(1) machine, s'inquiéter de, planète, pollution
(2) risque, centrale, empêcher, courir
(3) victime, avoir tort de, invention, fabriquer
(4) raz de marée, éruption volcanique, jadis, terreur

(Le choix des formes et des temps est à vous.)

(B) *Copiez et complétez le tableau ci-dessous:*

pollution	—	polluant
négligence	—	
	—	prodigieux
monstre	—	
erreur	—	
	—	épouvantable

Le mot «victime» est de genre uniquement féminin mais il peut désigner un homme ou une femme. Trouvez d'autres substantifs pareils.

Trouvez les verbes à l'origine de ces mots:

émotion débat vérification explosion frisson

Les substantifs suivants sont-ils masculins ou féminins?

phénomène	génie	catastrophe	moteur
vacances	monstre	millimètre	drame
plage	dent	iode	affaire

(C) *Trouvez la définition correcte de chacun des mots en marge:*

(1) un métal radioactif, blanc argent, qui est mou comme le plomb	**histoire**
(2) un élément radioactif de nombre atomique supérieur à celui de l'uranium	**terroriser**
(3) en vérité (souvent concessif)	**récit**
(4) indiscutablement (souligne une affirmation)	**plutonium**
(5) une narration qu'on récite ou écrit	**certes**
(6) un conte qu'on récite ou écrit OU la relation des événements du passé	**obséder**
(7) faire peur à quelqu'un	**strontium**
(8) tourmenter quelqu'un sans cesse	**vraiment**

(D) *Consultez un dictionnaire pour trouver et mémoriser des expressions idiomatiques françaises qui contiennent les mots suivants:*

(1) fond (2) frisson (3) dent (4) ressembler (5) mort
(6) aussi (7) oeuvre (8) sans (9) peu (10) plaque

(E) *En consultant (G) de la première section du chapitre (à la page 142), définissez les mots et termes suivants:*

(1) un requin (2) suspendre (3) dû à (4) la peste
(5) côtier (6) l'aérodynamique (7) réaliser

(F) *Antonymes et synonymes*

(1) *Donnez le contraire des mots suivants:*

le succès	prolonger	durable	imaginaire
naguère	ouest	exclure	régulièrement

(2) *Trouvez un synonyme aux termes suivants:*

terrible	invoquer	multiple	consommer
se moquer de	fatal	une usine	un tueur

(G) *A bon géographe, salut!*

Cherchez des termes géographiques relatifs aux désastres naturels et circulez-les dans la salle de classe. C'est à tout le monde de deviner la signification des termes.
(ex. éboulement / décrochement du terrain / avalanche / ouragan)

Chaque étudiant dans la classe doit signaler trois inventions modernes qui risquent de nuire à l'environnement. Les autres étudiants doivent expliquer comment elles y nuisent et comment on pourrait les remplacer par quelque chose de plus simple.

(H) *Conjuguez dans l'ordre indiqué par les flèches:*

Présent ➔ passé composé ➔ plus-que-parfait ➔ imparfait ➔ passé simple ➔ futur ➔ conditionnel.

(1) **courir** un grand risque (il)
(2) **poursuivre** une carrière dans les lettres (je)
(3) **lire** des romans à la guimauve (on)
(4) **craindre** les conséquences du nucléaire (ils)
(5) **produire** toute une gamme de réactions (cela)

Choisissez le temps et la forme corrects:

(1) Tant qu'on construira des centrales nucléaires on ... toujours les mêmes risques. (courir)
(2) A présent nous ... un nouveau travail de construction. (poursuivre)
(3) Je ... mon journal quand un coup de téléphone m'interrompit. (lire)
(4) Jadis ils ne ... pas les conséquences de leurs actions. (craindre)
(5) Non, la France n'a pas hésité à cet égard; elle ... de l'énergie nucléaire depuis dix ans. (produire)

(I) *Suivant le modèle, inventez trois expressions comparatives pour chaque groupe de substantifs:*

Modèle D.C. 10 / Trident / Concorde (rapide)
➔ **Le D.C. 10 est plus rapide que le Trident.**
Le Trident est moins rapide que le Concorde.
Le Concorde est l'avion le plus rapide du monde.

(1) Mont Blanc / Everest / Snowdon (haut)
(2) Pluton / Vénus / la Terre (froid)
(3) le mélèze / le séquoia / le prunier (grand)
(4) le strontium / le plutonium / l'iode (radioactif)

Insérez le mot correct pour compléter les expressions de quantité et de comparaison ci-dessous:

(1) Le Concorde porte ... de passagers qu'un avion ordinaire.
(2) Des techniques très diverses doivent s'unir pour construire un bâtiment ... complexe qu'une centrale nucléaire.

(3) La radioactivité de cet élément n'est pas ... forte que celle du plutonium.
(4) Il a eu ... de problèmes avec sa nouvelle invention qu'il a fini par y renoncer pour de bon.
(5) L'accident du D.C. 10 à Chicago fit 275 victimes, mais la catastrophe aérienne à Ermenonville en fit ...

(J) *Ecrivez les phrases suivantes au négatif:*

(1) Tout le monde voulait le voir.
(2) Je connais et l'architecte et le directeur de cette centrale.
(3) Chaque employé a fourni une réponse.
(4) J'ai compris tout ce qu'il disait.
(5) Le nucléaire sera toujours la source d'énergie la plus rentable du monde.
(6) Il est tout à fait convaincu de sa réussite.
(7) Je suis retourné chercher mes matériaux, **et les techniciens travaillaient toujours dans le réacteur expérimental.**

(K) *Suivant le modèle, récrivez les phrases ci-dessous:*

Modèle Q: Créer plus de centrales nucléaires – c'est tout ce qu'on peut faire, n'est-ce pas?
R: C'est ça. **Nous n'avons pas d'autre issue que de créer plus de centrales nucléaires.**

(1) Q: Trouver d'autres sources d'énergie – c'est tout ce qu'on peut faire, n'est-ce pas?
R: C'est ça. . . .
(2) Q: Eliminer les déchets nucléaires – c'est tout ce qu'on peut faire, n'est-ce pas?
R: C'est ça. . . .
(3) Q: Transporter l'uranium à travers cette région – c'est tout ce qu'on peut faire, n'est-ce pas?
R: C'est ça. . . .
(4) Q: Faire construire les centrales loin des villes populeuses – c'est tout ce qu'on peut faire, n'est-ce pas?
R: C'est ça. . . .

(L) *Suivant le modèle, faites de l'adjectif un substantif:*

Modèle Q: On a trouvé les hommes morts dans l'usine?
R: Oui, **on a trouvé les morts dans l'usine.**

(1) Q: On a consolé le pauvre homme après l'explosion?
R: Oui, . . .
(2) Q: On a pu soulager les gens malheureux du quartier?
R: Oui, . . .
(3) Q: On a essayé d'aider les gens blessés?
R: Oui, . . .
(4) Q: On a réussi à attraper le garçon paresseux?
R: Oui, . . .

(M) *Complétez les phrases suivantes:*

(1) Bien que je ne . . . pas tout ce qu'il dit, je suis enclin à accepter cette dernière observation. (croire)
(2) Personne ne peut empêcher qu'il . . . comme un fou. (conduire)
(3) Il est possible qu'ils . . . déjà éteint le feu.
(4) Quoiqu'il . . . plus jeune que son âge, ses cheveux grisonnent çà et là. (paraître)
(5) Il est possible qu'elle . . . (mentir)
(6) C'en est fait de lui – on ne peut pas empêcher qu'il . . . maintenant. (mourir)
(7) Bien qu'il . . ., je vais sortir dans cinq minutes. (pleuvoir)

(N) *Complétez les phrases suivantes:*

(1) Quoi qu'on . . ., on est toujours blâmé par les autres. (faire)
(2) Qui qu'il . . ., je n'aime pas ses manières. (être)
(3) Où que vous . . . aller, vous n'en devez pas moins consulter un plan du métro. (vouloir)
(4) Que l'on . . . une chose . . . (comprendre)
(5) Qu'elle me . . . la vérité maintenant. (dire)
(6) Quelque difficile que vous . . . cette opération, vous n'avez pas de choix – pour vous c'est la carte forcée! (sembler)
(7) Si dangereuses qu'elles se . . . avérées jusqu'ici, on va continuer à faire construire des centrales nucléaires.

(O) *Vous êtes chargé d'interviewer le chef d'une équipe de sauvetage que le directeur d'une centrale nucléaire a appelée à son secours après une explosion dans le réacteur principal. Fournissez les questions qui ont provoqué les réponses suivantes:*

«Vers quatre heures du matin.»
«Aux environs de Quimper.»
«Depuis cinq ans à peu près.»

«Environ quarante personnes ont trouvé la mort.»
«Grièvement blessés pour la plupart.»
«Des civières et des béquilles – c'est tout.»
«A la lumière des chalumeaux oxydriques.»
«Tout près du noyau.»
«Un échappement de gaz.»
«Impossible à dire exactement.»

3 Assimilation

(A) *Résumé*

Résumez en pas plus de 50 mots l'histoire de l'accident du D.C. 10 à Chicago.

(B) *Expansion*

Traduisez en quelques courtes phrases l'affiche ci-dessous:

MANIF! **NON AU NUCLEAIRE!**

PATRIMOINE DE NOS ENFANTS – DECHETS RADIOACTIFS!

(Pétition à l'hôtel de ville) **Dimanche 13h**

Expliquez la situation dépeinte dans ce dessin humoristique:

(C) *Expansion orale*

Divisez-vous en paires. Chaque paire doit présenter un dialogue improvisé entre un représentant des «Amis de la Terre» et le directeur d'une centrale nucléaire située sur la côte française.

(D) *Nouvelle situation*

Dans le bar du quartier vous écoutez la conversation de deux chômeurs français qui ont perdu leur poste dans une centrale hydroélectrique qu'on vient de fermer et qui va être remplacée par une centrale nucléaire. Essayez de reproduire des bribes de conversation.
OU
Un délégué du gouvernement français revient en France après avoir participé à des pourparlers avec des représentants de l'O.P.E.P. Il prépare un petit discours dans lequel il souligne la nécessité de développer d'autres sources d'énergie dans le monde occidental – écrivez ce discours.

(E) *Point de vue différent*

Après dix ans et face à une crise d'énergie qui se généralise partout dans le monde occidental, Jacques Duquesne change d'avis et se déclare en faveur de l'exploitation de l'énergie nucléaire. Il écrit deux paragraphes dans lesquels il essaie de justifier sa «volte-face». Reproduisez ceux-ci.

(F) *Narration*

Les écologistes viennent de tourner un film qui s'intitule *Apocalypse* et qui représente la destruction de l'environnement par l'homme de l'année 1990. Décrivez quelques-unes des séquences dans le film.

(G) *L'homme, son environnement et le nucléaire*

(1) *Traduisez en anglais:*

Les Bretons toujours opposés au nucléaire

Ouverte le 31 janvier, l'enquête d'utilité publique sur l'implantation à Plogoff (pointe du Raz) d'une centrale électronucléaire de 5.200 MW a pris fin hier soir. Comme la première journée, la dernière a été marquée par une manifestation régionale dite «Cap en deuil».

La cohabitation pendant six semaines d'une population alarmée par des édiles municipaux, des personnels enquêteurs installés dans des bureaux intérimaires et des forces de l'ordre ne s'est pas faite sans mal.

Le caractère ombrageux et volontiers violent des habitants du cap Sizun, qui ont véritablement une mentalité d'îliens et passent pour plus têtus que les autres Bretons, n'a pas facilité les choses. «Anti-tout» plus qu'antinucléaires, les plus engagés ont mené la vie dure aux gendarmes mobiles autant que leurs concitoyens partisans de la centrale ou tout simplement indécis. Du matin au soir des groupes d'hommes et de femmes véhéments n'ont cessé de harceler les gendarmes, les agonisant d'un flot continuel d'injures. La nuit les emplacements des «mairies annexes» étaient recouverts d'immondices, ou bien on tentait, en sciant des arbres, d'organiser des barrages sur les routes.

Le moment le plus critique était ce qu'on a appelé «la messe de 17h». Les manifestants, de 300 à 1.000 suivant les jours, se rendaient en cortèges à La Croix de Trogor où se trouvaient deux «mairies annexes» et le plus gros des gendarmes. Au moment où les camionnettes s'apprêtaient à repartir pour Quimper, des pierres et des boulons pleuvaient sur les forces de l'ordre qui répliquaient par des jets de grenades lacrymogènes, pour se protéger eux-mêmes et garantir les «mairies annexes».

Renaud Rosset: «Plogoff: une enquête publique pour rien»
(*Le Figaro*, mars 1980)

(2) *Traduisez en français:*

"No, sir, the only way out for us is to have more nuclear power stations built. If we continue to exploit our normal energy resources, we shall become totally dependent on the Middle East and could be held to ransom and ruined overnight, if a shift in political attitudes were to occur there."

The president slumped in his chair, seeing all his dreams about protecting and preserving the environment disappear in a puff of smoke: "Where would the stations be built?" he inquired wearily.

"Well, sir," the eager minister continued as he walked over to the wall-chart, "we wouldn't need as many nuclear power stations as hydroelectric or coal-fired ones. We'd have to concentrate the sites in these coastal regions, especially on this peninsula, although the inhabitants aren't going to acccept the plan. Still, whatever we do and wherever we install the reactors, we're going to be wrong in the eyes of the public."

"They might just be right," snarled the president. "However unreasonable they may appear to you, they're only defending their children's heritage, such as it is. Their children will be the most unfortunate of all. But what a decision to have to make! This affair is hanging over my head like the sword of Damocles!"

(H) *Débat*

La classe se divise en deux pour discuter la proposition suivante:

«Le progrès humain équivaut à la destruction de l'environnement.»

(I) *Dissertation*

«La pollution et le nucléaire: deux aspects d'un monde qui s'éclipse»

(300 à 350 mots)

Résumé de grammaire

Résumé de grammaire

Table des matières

(Les chiffres renvoient aux numéros des sections du résumé de grammaire.)

Quelques termes grammaticaux employés dans le résumé de grammaire:

Un temps composé	– un temps qui contient un verbe auxiliaire – ex. il a fait / elle aurait dit
Une construction verbale	– ex. demander à qqn. de faire qqch.
L'article défini	– le / la / l' / les
L'article indéfini	– un / une / des
Nom (substantif) en apposition	– ex. M. Barangé, *coauteur* de . . .
Le pronom sujet	– je / tu / il / elle / nous / vous / ils / elles
Le pronom disjoint	– moi / toi / lui / elle / nous / vous / eux / elles
Le pronom réfléchi	– me / te / se / nous / vous / se
Le pronom possessif	– le mien / la mienne / les miens / les miennes (etc.)
Le pronom relatif	– qui / que / quoi / dont
Le pronom démonstratif	– ce / celui (etc.)
Un interrogatif	– quand? / pourquoi? (etc.)
Une locution adverbiale	– à grand-peine / sans aucune difficulté (etc.)
Une locution prépositive	– à force de / sous couleur de (etc.)
Une proposition subordonnée	– Michel, *ayant trouvé la carte*, se mit à . . . (élément d'une phrase et qui constitue à elle seule une phrase simple)
Une proposition relative	– C'est le député *dont la femme vient de mourir.*
Une proposition subordonnée conjonctionnelle	– Elle avoue *qu'elle y a passé la nuit.*

Conjugaisons des verbes français

INFINITIF	*PARTICIPES*	*INDICATIF PRESENT*	*PASSE SIMPLE IMPARFAIT*	*FUTUR CONDITIONNEL*	*SUBJONCTIF PRESENT (cf p. 181)*	*IMPERATIF*	*REMARQUES*
Verbes auxiliaires							
avoir	ayant eu	ai, as, a, avons avez, ont.	il eut il avait	il aura il aurait	que j'aie	aie, ayons, ayez.	
être	étant été	suis, es, est, sommes, êtes, sont.	il fut il était	il sera il serait	que je sois	sois, soyons, soyez.	
Verbes réguliers							
chercher	cherchant cherché	cherche, cherches, cherche, cherchons, cherchez, cherchent.	il chercha il cherchait	il cherchera il chercherait	que je cherche	cherche, cherchons, cherchez.	
finir	finissant fini	finis, finis, finit, finissons, finissez, finissent.	il finit il finissait	il finira il finirait	que je finisse	finis, finissons, finissez.	
vendre	vendant vendu	vends, vends, vend, vendons, vendez, vendent.	il vendit il vendait	il vendra il vendrait	que je vende	vends, vendons, vendez.	
Quelques verbes particuliers en «–er»							
payer	payant payé	paie, paies, paie,* payons, payez, paient.*	il paya il payait	il paiera* il paierait*	que je paie*	paie,* payons, payez.	**ou* *je paye, etc.*
nettoyer	nettoyant nettoyé	nettoie, nettoies, nettoie, nettoyons, nettoyez, nettoient.	il nettoya il nettoyait	il nettoiera il nettoierait	que je nettoie	nettoie, nettoyons, nettoyez.	
essuyer	essuyant essuyé	essuie, essuies, essuie, essuyons, essuyez, essuient.	il essuya il essuyait	il essuiera il essuierait	que j'essuie	essuie, essuyons, essuyez.	

INFINITIF	*PARTICIPES*	*INDICATIF PRESENT*	*PASSE SIMPLE IMPARFAIT*	*FUTUR CONDITIONNEL*	*SUBJONCTIF PRESENT*	*IMPERATIF*	*REMARQUES*
commencer	commençant commencé	commence, commences, commence, commençons, commencez, commencent.	il commença il commençait	il commencera il commencerait	que je commence	commence, commençons, commencez.	
manger	mangeant mangé	mange, manges, mange, mangeons, mangez mangent.	il mangea il mangeait	il mangera il mangerait	que je mange	mange, mangeons, mangez.	
acheter	achetant acheté	achète, achètes, achète, achetons, achetez, achètent.	il acheta il achetait	il achètera il achèterait	que j'achète	achète, achetons, achetez.	
jeter	jetant jeté	jette, jettes, jette, jetons, jetez, jettent.	il jeta il jetait	il jettera il jetterait	que je jette	jette, jetons, jetez.	
geler	gelant gelé	gèle, gèles, gèle, gelons, gelez, gèlent.	il gela il gelait	il gèlera il gèlerait	que je gèle	gèle, gelons, gelez.	
appeler	appelant appelé	appelle, appelles, appelle, appelons, appelez, appellent.	il appela il appelait	il appellera il appellerait	que j'appelle	appelle, appelons, appelez.	
espérer	espérant espéré	espère, espères, espère, espérons, espérez, espèrent.	il espéra il espérait	il espérera il espérerait	que j'espère	espère, espérons, espérez.	+ *répéter, etc.*
mener	menant mené	mène, mènes, mène, menons, menez, mènent.	il mena il menait	il mènera il mènerait	que je mène	mène, menons, menez.	+ *lever, etc.*

INFINITIF	PARTICIPES	INDICATIF PRESENT	PASSE SIMPLE IMPARFAIT	FUTUR CONDITIONNEL	SUBJONCTIF PRESENT	IMPERATIF	REMARQUES
Verbes irréguliers							
aller	allant allé (+ *être*)	vais, vas, va, allons, allez, vont.	il alla il allait	il ira il irait	que j'aille	*va, allons, allez.	**MAIS** *vas-y*!
(s') asseoir	asseyant assis	assieds, assieds, assied, asseyons, asseyez, asseyent. (+ *pronoms réfléchis*)	il s'assit il s'asseyait	il s'assiéra il s'assiérait	que je m'asseye	assieds-toi, asseyons-nous, asseyez-vous.	
battre	battant battu	bats, bats, bat, battons, battez, battent.	il battit il battait	il battra il battrait	que je batte	bats, battons, battez.	+ *combattre, etc.*
boire	buvant bu	bois, bois, boit, buvons, buvez, boivent.	il but il buvait	il boira il boirait	que je boive	bois, buvons, buvez.	
connaître	connaissant connu	connais, connais, connaît, connaissons, connaissez, connaissent.	il connut il connaissait	il connaîtra il connaîtrait	que je connaisse	connais, connaissons, connaissez.	+ *paraître, etc.*
courir	courant couru	cours, cours, court, courons, courez, courent.	il courut il courait	il courra il courrait	que je coure	cours, courons, courez.	
craindre	craignant craint	crains, crains, craint, craignons, craignez, craignent.	il craignit il craignait	il craindra il craindrait	que je craigne	crains, craignons; craignez.	+ *tout verbe qui se termine par «-indre»*
croire	croyant cru	crois, crois, croit, croyons, croyez, croient.	il crut il croyait	il croira il croirait	que je croie	crois, croyons, croyez.	

INFINITIF	*PARTICIPES*	*INDICATIF PRESENT*	*PASSE SIMPLE IMPARFAIT*	*FUTUR CONDITIONNEL*	*SUBJONCTIF PRESENT*	*IMPERATIF*	*REMARQUES*
devoir	devant dû (*fém due*)	dois, dois, doit, devons, devez, doivent.	il dut il devait	il devra il devrait	que je doive	dois, devons, devez.	
dire	disant dit	dis, dis, dit, disons, dites, disent.	il dit il disait	il dira il dirait	que je dise	dis, disons. dites.	
dormir	dormant dormi	dors, dors, dort, dormons, dormez, dorment.	il dormit il dormait	il dormira il dormirait	que je dorme	dors, dormons, dormez.	+ *servir, etc.*
écrire	écrivant écrit	écris, écris, écrit, écrivons, écrivez, écrivent.	il écrivit il écrivait	il écrira il écrirait	que j'écrive	écris, écrivons, écrivez.	+ *inscrire, etc.*
envoyer	envoyant envoyé	envoie, envoies, envoie, envoyons, envoyez, envoient.	il envoya il envoyait	il enverra il enverrait	que j'envoie	envoie, envoyons, envoyez.	
faire	faisant fait	fais, fais, fait, faisons, faites, font.	il fit il faisait	il fera il ferait	que je fasse	fais, faisons. faites.	
falloir	fallu	il faut	il fallut il fallait	il faudra il faudrait	qu'il faille		*n'existe qu'à la 3e personne*
lire	lisant lu	lis, lis, lit, lisons, lisez, lisent.	il lut il lisait	il lira il lirait	que je lise	lis, lisons, lisez.	

INFINITIF	*PARTICIPES*	*INDICATIF PRESENT*	*PASSE SIMPLE IMPARFAIT*	*FUTUR CONDITIONNEL*	*SUBJONCTIF PRESENT*	*IMPERATIF*	*REMARQUES*
mettre	mettant mis	mets, mets, met, mettons, mettez, mettent.	il mit il mettait	il mettra il mettrait	que je mette	mets, mettons, mettez.	*+ permettre, etc.*
mourir	mourant mort (+ *être*)	meurs, meurs, meurt, mourons, mourez, meurent.	il mourut il mourait	il mourra il mourrait	que je meure	meurs, mourons, mourez.	
naître	naissant né *(+ être)*	nais, nais, naît, naissons, naissez, naissent.	il naquit il naissait	il naîtra il naîtrait	que je naisse	nais, naissons, naissez.	
ouvrir	ouvrant ouvert	ouvre, ouvres, ouvre, ouvrons, ouvrez, ouvrent.	il ouvrit il ouvrait	il ouvrira il ouvrirait	que j'ouvre	ouvre, ouvrons, ouvrez.	*+ couvrir, offrir, souffrir, etc.*
partir	partant parti *(+ être)*	pars, pars, part, partons, partez, partent.	il partit il partait	il partira il partirait	que je parte	pars, partons, partez.	*+ sortir, etc.*
plaire	plaisant plu	plais, plais, plaît, plaisons, plaisez, plaisent.	il plut il plaisait	il plaira il plairait	que je plaise	plais, plaisons, plaisez.	
pleuvoir	pleuvant plu	il pleut	il plut il pleuvait	il pleuvra il pleuvrait	qu'il pleuve	–	*n'existe qu'à la 3e personne*
pouvoir	pouvant pu	peux, peux, peut, pouvons, pouvez, peuvent.	il put il pouvait	il pourra il pourrait	que je puisse	–	

INFINITIF	*PARTICIPES*	*INDICATIF PRESENT*	*PASSE SIMPLE IMPARFAIT*	*FUTUR CONDITIONNEL*	*SUBJONCTIF PRESENT*	*IMPERATIF*	*REMARQUES*
prendre	prenant pris	prends, prends, prend, prenons, prenez, prennent.	il prit il prenait	il prendra il prendrait	que je prenne	prends, prenons, prenez.	+ *apprendre, comprendre, etc.*
produire	produisant produit	produis, produis, produit, produisons, produisez, produisent.	il produisit il produisait	il produira il produirait	que je produise	produis, produisons, produisez.	+ *conduire, construire, etc.*
recevoir	recevant reçu	reçois, reçois, reçoit, recevons, recevez, reçoivent.	il reçut il recevait	il recevra il recevrait	que je reçoive	reçois, recevons, recevez.	+ *apercevoir, etc.*
résoudre	résolvant résolu	résous, résous, résout, résolvons, résolvez, résolvent.	il résolut il résolvait	il résoudra il résoudrait	que je résolve	résous, résolvons, résolvez.	
rire	riant ri	ris, ris, rit, rions, riez, rient.	il rit il riait	il rira il rirait	que je rie	ris, rions, riez.	+ *sourire*
savoir	sachant su	sais, sais, sait, savons, savez, savent.	il sut il savait	il saura il saurait	que je sache	sache, sachons, sachez.	
sentir	sentant senti	sens, sens, sent, sentons, sentez, sentent.	il sentit il sentait	il sentira il sentirait	que je sente	sens, sentons, sentez.	+ *mentir*
suffire	suffisant suffi	suffis, suffis, suffit, suffisons, suffisez, suffisent.	il suffit il suffisait	il suffira il suffirait	que je suffise	suffis, suffisons, suffisez.	

INFINITIF	*PARTICIPES*	*INDICATIF PRESENT*	*PASSE SIMPLE IMPARFAIT*	*FUTUR CONDITIONNEL*	*SUBJONCTIF PRESENT*	*IMPERATIF*	*REMARQUES*
suivre	suivant suivi	suis, suis, suit, suivons, suivez, suivent.	il suivit il suivait	il suivra il suivrait	que je suive	suis, suivons, suivez.	+ *poursuivre*
tenir	tenant tenu	tiens, tiens, tient, tenons, tenez, tiennent.	il tint il tenait	il tiendra il tiendrait	que je tienne	tiens, tenons, tenez.	+ *appartenir*, *etc.*
vaincre	vainquant vaincu	vaincs, vaincs, vainc, vainquons, vainquez, vainquent.	il vainquit il vainquait	il vaincra il vaincrait	que je vainque	vaincs, vainquons, vainquez.	+ *convaincre*
valoir	valant valu	vaux, vaux, vaut, valons, valez, valent.	il valut il valait	il vaudra il vaudrait	que je vaille	vaux, valons, valez.	
venir	venant venu (+*être*)	viens, viens, vient, venons, venez, viennent.	il vint il venait	il viendra il viendrait	que je vienne	viens, venons, venez.	+ *devenir*, *se souvenir*, *etc.*
vivre	vivant vécu	vis, vis, vit, vivons, vivez, vivent.	il vécut il vivait	il vivra il vivrait	que je vive	vis, vivons, vivez.	+ *survivre etc.*
voir	voyant vu	vois, vois, voit, voyons, voyez, voient.	il vit il voyait	il verra il verrait	que je voie	vois, voyons, voyez.	
vouloir	voulant voulu	veux, veux, veut, voulons, voulez, veulent.	il voulut il voulait	il voudra il voudrait	que je veuille	veuille, veuillons, veuillez.	

(A) Le verbe

LES TEMPS COMPOSES

(1) ***Les verbes qui se conjuguent avec l'auxiliaire «avoir»:***

J'ai compris la question.	(I understood/have understood the question.)
Il avait refusé le cadeau.	(He had refused the present.)
Vous aurez gâté tous mes plans.	(You'll have spoilt all my plans.)
Ils auraient été plus prudents.	(They would have been more cautious.)

Notez l'accord avec l'objet direct qui précède le verbe:
C'est **la dernière photo** qu'il m'a envoyé**e.**
Combien de **magazines** a-t-elle lu**s** ce matin?
Tu as vu les majorettes au carnaval? — Oui, je **les** ai vu**es.**

(2) ***Les verbes qui se conjuguent avec l'auxiliaire «être»:***

Le «va-et-vient»/ en haut et en bas	*Le retour*	*La situation, la transformation et la chute*
aller/venir	revenir	rester
partir/arriver	rentrer	devenir
sortir/entrer	retourner	tomber
mourir/naître		
monter/descendre		

Elle est tombé**e** les quatre fers en l'air.	(She fell/has fallen flat on her back.)
Tu étais devenu**(e)** très pâle.	(You had gone very pale.)
Nous serons parti**(e)s** avant trois heures.	(We'll have left by three o'clock.)
Elles seraient mort**es** de peur.	(They would have died of fright.)

Notez l'accord avec le sujet du verbe.

Quatre verbes qui se conjuguent tantôt avec «avoir» tantôt avec «être» selon qu'ils sont employés ou non avec un objet direct:

descendre : Ils sont descendus à la hâte./Ils ont descendu l'escalier.
monter : Elle est montée à pas feutrés./Elle a monté la colline.

rentrer : Elles sont rentrées tard./Elles ont rentré la voiture. (. . . put the car in . . .)
sortir : Il est sorti de bonne heure./Il a sorti son vélo. (He got his bike out.)

(3) ***Les verbes pronominaux***

Je me suis lavé(**e**) à grande eau.	(I've had/I had a good wash down.)
Elle s'était adonné**e** au haschisch.	(She had become addicted to hash.)
Nous nous serons emparé(**e**)**s** de la ville . . .	(We'll have seized the town . . .)
Ils se seraient accommodé**s** de leur sort . . .	(They'd have made the best of their lot . . .)

Le participe passé s'accorde avec le pronom réfléchi pourvu que celui-ci soit un objet direct. Dans le cas où le pronom réfléchi n'est pas un objet direct il n'y a pas d'accord:
Ils se sont téléphoné de temps à autre. (téléphoner **à** qqn.)
Elle s'est brossé les dents. (dents – objet direct)
Elles s'étaient acheté des bijoux de fantaisie. (se – for themselves)
Nous nous sommes rappelé son nom. (nous – to ourselves)

Les divers emplois du verbe pronominal:
(a) *Pour donner un sens réfléchi:*
Il se tua devant la foule.
(He killed himself in front of the crowd.)

(b) *Pour exprimer les actions réciproques:*
Ils se jettent des boulettes.
(They're throwing pellets at each other.)

(c) *Pour donner le sens d'un passif:*
Grâce à l'annonce mon hôtel s'est vendu.
(Thanks to the advert my hotel has been sold.)

(d) *Pour exprimer une action lente et continue:*
Il se faisait noir.
(It was getting dark.)

(e) *Certains verbes sont exclusivement pronominaux:*
A la vue du monstre hideux elle s'est évanouie.
(She fainted at the sight of the hideous monster.)
Il se souvint enfin des instructions.
(He eventually remembered the instructions.)

(4) ***Le passé composé*** (langue écrite et parlée)

(a) *Il traduit un fait récent ou une action achevée au moment où l'on parle* (c'est-à-dire une action relative au présent):
Ils ont reçu la nouvelle ce matin.
Tu viens de parler avec Michel? — Oui, il m'a passé un coup de fil.
(b) *Il traduit une action qui s'est déroulée à un moment du passé:*
Le Président est arrivé le 5 septembre et est parti deux jours après.
(c) *Il traduit une action passée dont l'influence se fait toujours sentir:*
En 1958 le général de Gaulle a élaboré une nouvelle constitution qui est celle que nous connaissons maintenant.

(5) ***Le passé simple*** (langue écrite)

(a) *Il exprime un fait généralement ancien et sans contact avec le présent* (par exemple dans les récits historiques):
Ce fut en 1658 que la troupe de Molière retourna à la capitale.
(b) *Il exprime une action achevée dans un contexte purement littéraire:*
Le marin trouva sa boussole et essaya de la réparer, mais il n'y réussit pas. Au désespoir, il consulta sa carte et mit le cap sur la côte bretonne.

Remarquez bien que dans un texte littéraire le récit est souvent écrit au passé simple, mais les dialogues ne peuvent être écrits qu'au passé composé:

Il fit trois pas en avant et braqua le revolver sur son complice.
— Alors, tu as décidé de me trahir? demanda-t-il.

(6) ***L'imparfait***

Le passé simple et le passé composé énoncent un fait pur et simple, tandis que l'imparfait traduit . . .
(a) *Un état:*
Le noyé était un malade mental échappé d'un hôpital psychiatrique.
(b) *Un passé envisagé dans sa durée:*
Elle trouve que notre ville n'est plus ce qu'elle était.
(c) *Une description au passé:*
L'usine se dressait comme le palais de l'enfer.
(d) *Une idée de répétition ou d'habitude:*
Quand il était P.D.G. il consultait les valeurs tous les jours.
(e) *Un cadre où se placent des faits exprimés au passé composé et au passé simple:*
Il rentrait à la maison quand il fut arrêté par la police.

(7) *Le plus-que-parfait*

Il exprime une action antérieure à une autre dans le passé:
Je lui ai apporté un plat de fruits de mer, mais il avait déjà mangé.
Remarquez l'emploi du plus-que-parfait dans les exemples ci-dessous:

Nous avions cru à une crise cardiaque.	(We thought it was a heart attack.)
D'abord elle ne m'avait pas reconnu.	(At first she didn't recognise me.)

L'usage du plus-que-parfait dans ces exemples implique qu'une autre action ou réaction s'est produite depuis.

(8) *Le passé antérieur* (langue écrite)

Il a la même signification que le plus-que-parfait mais il n'est employé que dans certaines propositions subordonnées de temps: à savoir, celles qui commencent par «quand», «lorsque», «dès que», «aussitôt que», «après que» et «à peine que»:
Dès qu'il fut sorti avec le microfilm, les policiers l'appréhendèrent.
Quand elle eut compris la situation, elle se suicida.
N.B. A peine eut-il entendu la nouvelle qu'il se désista des élections cantonales.
Le temps de la proposition principale est toujours le passé simple.

(9) (i) *Le futur*

Il exprime une action ou un fait situé dans l'avenir, par rapport au présent:
Le conseil se réunira jeudi prochain.
Remarquez l'ordre logique des temps en français:
Tout **ira** mieux quand l'inflation **cessera** de monter.

(ii) *Le futur antérieur*

Il exprime une action qui sera achevée antérieurement à une autre action future:
Il annoncera le nouveau programme quand il **aura examiné** tous les sondages.
(He'll announce the new programme when he **has examined** all the polls.)

(10) *Le conditionnel*

Il traduit un fait éventuel qui dépend d'une condition ou d'une supposition:
A ta place je ne contesterais pas sa théorie.
(If I were you, I wouldn't contest his/her theory.)
S'il était moins avare, on pourrait raisonner avec lui.
(If he weren't so mean, you could reason with him.)

Remarquez bien l'emploi du conditionnel et du conditionnel antérieur pour traduire une action ou une situation rapportée mais pas nécessairement prouvée (usage particulier aux journalistes):

Le nouveau Plan serait un désastre. (. . . is said to be . . .)
Le Chancelier aurait eu une conversation téléphonique avec le Président. (. . . is said to have had . . .)

(11) *Les constructions temporelles avec «si»*

(a) *«Si» + présent . . . futur:*
Si le déficit du budget dépasse les prévisions, nous aurons des problèmes.
(b) *«Si» + imparfait . . . conditionnel:*
S'ils gagnaient le premier tour de scrutin, ils changeraient de tactique.
(c) *«Si» + plus-que-parfait . . . conditionnel antérieur:*
Si les choses avaient tourné autrement, le tribunal l'aurait gracié.

(12) *Les constructions temporelles avec (a) «venir de» (b) «depuis»*

(a) *«Venir de»:*
La construction n'existe qu'aux temps présent et imparfait.
Leur fils vient de trouver la mort en Asie.
(Their son has just lost his life in Asia.)
Les astronautes venaient d'amerrir quand l'hélicoptère arriva.
(The astronauts had just splashed down when the helicopter arrived.)
(b) *«Depuis»:*
C'est une pièce qui tient l'affiche à Paris depuis 2 ans.
(It's a play that's been running in Paris for 2 years.)
Les gens crédules attendaient depuis 2 mois l'arrivée de l'O.V.N.I.
(The gullible people had been waiting for the U.F.O. to arrive for 2 months.)

L'INFINITIF

L'infinitif peut avoir deux fonctions différentes:
(a) *Celle d'un verbe dans ses divers temps:*
A quoi bon **courir?**
Lui, m'**avoir ruiné!**
(b) *Celle d'un nom:*
l'art de **voler** un planeur

(13) ***L'infinitif comme sujet d'une phrase:***
Vouloir, c'est pouvoir. (Where there's a will there's a way.)
Promettre monts et merveilles, cela n'a jamais servi à rien. (Promising miracles has never done any good.)

(14) ***L'infinitif après les interrogatifs:***
Pourquoi s'opposer à cette stratégie économique? (Why . . .)
Que faire? (What are we to do?)
A quoi bon tuer les baleines? (What's the point of . . .)

(15) ***Constructions avec quelques mots communs:***
Il est **certain de** perdre.
Elle est **contente de** nous revoir.
Ils sont **obligés/forcés de** partir.*
Je suis **étonné de** recevoir cette lettre.
Il **a le droit de** parler.
Elles n'**ont** pas encore **eu l'occasion de** voyager.
Tu n'**as** jamais **le temps de** lire.
****MAIS*** on les oblige/force **à** venir.

Il est toujours **prêt à** nous aider.
Je suis **enclin/porté à** ne pas le croire.
C'est **le seul à** connaître l'histoire.
C'est **le premier/dernier à** arriver.
Vous avez **beaucoup**/n'avez **rien à** faire.
J'ai **quelque chose à** vous dire.

(16) ***D'autres constructions avec l'infinitif:***

(a) *«De quoi» + inf.:*
. . . mais les chômeurs, ils ont vraiment de quoi se plaindre (. . . something to complain about.)
(b) *«Que de» + inf.:*
C'est une promesse de Gascon que de parler d'une relance économique. (Any talk of an economic revival is a vain promise.)

(c) *Les verbes de perception et de déclaration + inf.:*

Ils ont vu revenir les vacanciers.	(They saw the holiday makers coming back.)
Elle a entendu hurler la victime.	(She heard the victim scream.)
Il dit avoir rencontré un ami.	(He says he met a friend.)
Elle avoue avoir passé la nuit chez eux.	(She admits she spent the night with them.)

(Dans les deux derniers exemples ci-dessus l'infinitif remplace une proposition subordonnée conjonctionnelle.)

(d) *Constructions idiomatiques importantes:*
Nous **avons beau** nous opposer au nouveau régime.
(It's no good our . . .)
Ils **ont** tous **intérêt à** comparaître devant le tribunal.
(The best thing for them is to . . .)
J'ai **failli** vendre la mèche.
(I nearly let the cat out of the bag.)
Il **est en train de** raconter une de ses histoires marseillaises.
(. . . in the middle of . . .)
Nous **étions sur le point de** quitter l'audience.
(We were about to . . .)
Elle s'est assoupie au petit jour, mais elle **n'a pas tardé à** se réveiller.
(. . . it didn't take her long to . . .)

(17) ***L'infinitif après (a) «faire» (b) «se faire»:***

(a) Il faut faire chauffer la voiture
(. . . get the car warmed up.)
Il a fait bâtir un pavillon dans la banlieue.
(He had a house built . . .)
(b) Les besoins élémentaires commencent à se faire sentir.
(. . . make themselves felt.)

Analysez les exemples suivants:
Les pirates de l'air **les** ont fait allonger au sol.
(. . . made them lie stretched out . . .)
Les terroristes **leur** ont fait lever les mains.
(. . . made them raise their hands.)
Les détectives **leur** ont fait admettre qu'ils avaient menti.
(. . . made them admit that . . .)

Si l'infinitif est suivi d'un objet direct ou de «que», le pronom personnel est indirect.

(18) ***L'infinitif passé:***

Elle ne lui pardonna jamais d'**avoir abandonné** sa famille.
(... for abandoning/having abandoned ...)
Ils me remercièrent d'**avoir sauvé** leur neveu.
(... for saving/having saved ...)
Il l'accusa de **n'avoir pas tenu** sa parole.
(... of not keeping/having kept ...)
Notez les constructions ci-dessous:
Après avoir refusé une prise de sang, le suspect fut amené au commissariat. (After refusing/having refused ...)
Après être rentrée chez elle, Claudine se versa un verre de cognac.
Après nous être couchés, nous entendîmes un bruit dans la cave.

(19) ***Verbes et constructions verbales difficiles:***

(a) *Verbes impersonnels:*
Il s'agit dans cette pièce **d**'un malade imaginaire.*
(It's about/it's a question of ...)
Il ne lui **reste** que la dot que son père lui a donnée.
(All she's got left is ...)
Il convient aux jeunes enfants **de** se taire.
(It's right and proper ...)
Il suffit de garder le lit.
(You just have to ...)
Il me semble que tout va bien.
(Everything seems to be all right to me.)
****MAIS***: Ce livre **traite d**'une veuve solitaire. (This book is about ...)

(b) *«Devoir» et «pouvoir»:*

		Devoir
Présent	:	Il doit être là. (He must be there.) Il ne doit pas être là. (He can't be there.)
Passé composé	:	Cela a dû lui coûter un effort énorme. (.... must have ...) Elles ont dû partir de bonne heure. (... had to ...)
Imparfait	:	Ils devaient arriver à 5 heures. (.... were to/were due to ...)

Passé simple : Elle dut récrire les cinq premières pages.
(. . . had to . . .)
Plus-que-parfait : Nous avions dû y renoncer.
(We had had to . . .)
Futur : Il devra en définitive assurer la garantie
(. . . will have to . . .)
Conditionnel : On devrait commencer tout de suite.
(. . . should/ought to . . .)
Conditionnel antérieur : On aurait dû s'arrêter plus tôt.
(. . . should have . . .)

Certains temps difficiles:
Il devait être assez vieux.
(He must have been quite old.)
Il avait dû s'échapper de la tour avant l'arrivée des gardes.
(He must have . . .)
(Dans les deux exemples ci-dessus le temps correct de «devoir» peut être déterminé en remplaçant l'expression «he must have» par «he was definitely . . .» ou «he had definitely . . . .».)

Pouvoir

Présent : Il peut avoir raison.
(He may be right.)
Il ne peut pas avoir raison.
(He can't be right.)
Passé composé : Il a pu défoncer la porte.
(He managed to . . .)
Imparfait : Il ne pouvait jamais y résister.
(. . . never could/was able to . . .)
Passé simple : Elles purent casser la serrure.
(. . . managed to . . .)
Plus-que-parfait : Elle n'avait pas pu venir.
(She hadn't been able to . . .)
Futur : Ils ne pourront pas paralyser le «Jour J».
(. . . won't be able to . . .)
Conditionnel : Elle ne pourrait jamais être infirmée.
(. . . could never . . .)
Conditionnel antérieur : Cela aurait pu arriver à n'importe qui.
(. . . could have . . .)

Certains temps difficiles:
Elle pouvait s'approcher de la soixantaine.
(She may have been getting on for 60.)

Elle avait pu salir ses chaussures en traversant le gazon.
(She may have . . .)
(Dans les deux exemples ci-dessus le temps correct de «pouvoir» peut être déterminé en remplaçant l'expression «she may have» par «she was probably . . .» ou «she had probably . . .».)

(20) ***Constructions verbales importantes*:**

(a) *Verbes suivis de «à» + objet indirect:*

aboutir à (to lead to)	: Ce défi va aboutir à une impasse.
s'attendre à (to expect)	: Je m'attends à un jugement favorable.
nuire à (to harm)	: Tout cela peut nuire à son entraînement.
obéir à (to obey)	: Il vaudrait mieux obéir à ces ordres.
pardonner à (to forgive)	: Je ne peux pas pardonner aux politiciens de . . .
penser à (to think about)	: Il pense toujours à cette jeune fille.
plaire à (to please)	: Sa candeur plaît à tout le monde.
réfléchir à (to reflect on)	: Il faut réfléchir à cette hypothèse.
renoncer à (to give up)	: Vous devez renoncer à ce style de vie.
résister à (to resist)	: Il est incapable de résister à cette tentation.
ressembler à (to look like)	: Elle ressemble à sa grand-mère.

(b) *Verbes suivis de «de» + objet indirect:*

s'accommoder de (to make the best of)	: Il faut s'accommoder de tout.
s'apercevoir de (to perceive)*	: Je me suis aperçu de cette atmosphère.
**MAIS* apercevoir = voir	: Je l'ai aperçu au lointain.
s'approcher de (to approach)	: On s'approchait lentement de la grange.
dépendre de (to depend on)	: Ils n'aiment pas dépendre de leurs parents.
douter de (to doubt)	: Je doute de sa fidélité à la cause.
se douter de (to suspect)	: Je m'en doutais (I thought as much).
s'emparer de (to seize)	: L'ennemi s'est emparé de la forteresse.
s'excuser de (to apologise for)	: Elle s'est excusée de sa conduite.
se méfier de (to mistrust)	: Méfiez-vous de lui!
se moquer de (to make fun of)	: Je n'aime pas qu'on se moque de moi.

s'occuper de (to see to/look after) : Elle va s'occuper des blessés.
se passer de (to do without) : On peut se passer des menus plaisirs de la vie.
rire de (to laugh at) : Ses collègues rient de sa stupidité.
se servir de (to use) : Il peut se servir de sa nouvelle calculatrice.
se souvenir de (to remember) : Tu te souviens de notre lune de miel?

(c) *Tableau de constructions verbales avec l'infinitif:*

+ inf.	à + inf.	de + inf.
aimer mieux	aider	accuser
aller	s'amuser	s'arrêter
avouer	apprendre	avertir
compter	s'apprêter	avoir peur
courir	arriver	cesser
croire	s'attendre	commencer (*ou «à»*)
daigner	se borner	consoler
désirer	chercher	se contenter
devoir	consentir	convenir
écouter	consister	craindre
entendre	continuer (*ou «de»*)	décider
entrer	contribuer	se dépêcher
envoyer	se décider	s'efforcer
espérer	destiner	empêcher
faire	encourager	s'ennuyer
falloir	s'engager	entreprendre
s'imaginer	s'habituer	essayer
laisser	se hasarder	s'étonner
oser	hésiter	éviter
paraître	inviter	s'excuser
pouvoir	se mettre	faire semblant
préférer	s'obstiner	feindre
prétendre	parvenir	féliciter
se rappeler	passer son temps	finir
regarder	perdre son temps	se garder
retourner	persister	se hâter
savoir	se préparer	s'indigner
sembler	renoncer	jurer
sentir	se résigner	se lasser

+ inf.	à + inf.	de + inf.
souhaiter	se résoudre	manquer
il vaut mieux	réussir	menacer
voir	songer	mériter
vouloir	tarder	offrir
	tenir	omettre
		oublier
		parler
		persuader
		prier
		refuser
		regretter
		remercier
		se repentir
		résoudre
		risquer
		soupçonner
		se souvenir
		supplier
		tâcher
		tenter
		se vanter

(d) *Verbes accompagnés de la construction «à/de + inf.»:*

conseiller : Je lui ai conseillé de se reposer un peu.
défendre : Elle nous a défendu de jouer au football dans le jardin.
demander : Elle m'a demandé de l'emmener au concert.
dire : Nous leur dirons de rendre les objets volés.
ordonner : Le sous-officier lui a ordonné de faire sentinelle.
permettre : On nous permet de lui faire visite de temps en temps.
promettre : Je vous promets de rentrer avant onze heures.
proposer : Ils me proposent de faire un petit tour dans le village.

(21) ***Le passif***

Présent : Une nouvelle assemblée générale **est prévue** demain.
Imparfait : Ils **étaient immobilisés** depuis quelques jours.
Passé composé : Le criminel **a été extradé** la semaine dernière.

Passé simple	:	Soudain l'inspecteur **fut visité** par la lumière. (it dawned on . . .)
Plus-que-parfait	:	Le franc **avait** déjà **été dévalué** une fois.
Futur	:	Le blocus du port **sera levé** dans 24 heures.
Conditionnel	:	Il a promis que des efforts **seraient faits** pour aider les sinistrés.
Conditionnel antérieur	:	S'il m'avait écouté, sa candidature n'**aurait** pas **été retirée.**

FORMATION: *Le temps correct du verbe «être» suivi du participe passé. Le participe passé joue le rôle d'un adjectif et s'accorde avec le sujet.*

Construction pour les verbes qui gouvernent un objet indirect:
On leur a dit d'attendre.
(They have been told to wait.)
On nous avait offert l'indemnisation.
(We had been offered compensation.)

(22) *Comment éviter le passif en employant «on»:*

Nous avons été poursuivis. ➔ On nous a poursuivis.
Elle avait été abattue au beau milieu de la place. ➔ On l'avait abattue . . .
Ils vont être licenciés. ➔ On va les licencier.
(Consultez aussi la section (3)(c) – «Les divers emplois du verbe pronominal».)

(23) *«En» + le participe présent*

C'est en repartant que l'agresseur l'a tué. (As he . . .)
En apprenant l'allemand il a pu changer de métier. (By . . .)
En négociant le virage elle avait vu les débris du mur. (Whilst . . .)
En entendant l'arrivée de ses amis il se mit à verser du vin. (On . . .)
Notez la construction «tout en + le participe présent» qui souligne la simultanéité de deux actions:
Il a mangé ses frites tout en regardant la télé.
Elle s'est séché les cheveux tout en lisant son magazine.

LE SUBJONCTIF

(24) *La formation du subjonctif:*

(a) *Le subjonctif présent:*
Enlevez la terminaison «-ent» de la troisième personne au pluriel de l'indicatif présent: ils regard|ent / ils finiss|ent / ils entend|ent/ ils dorm|ent.
Ajoutez les terminaisons suivantes:

il faut que . . .	je finiss	***e***
il faut que . . .	tu finiss	***es***
il faut qu' . . .	il finiss	***e*** / elle finiss ***e***
il faut que . . .	nous finiss	***ions***
il faut que . . .	vous finiss	***iez***
il faut qu' . . .	ils finiss	***ent*** / elles finiss ***ent***

Formes irrégulières:
avoir: aie, aies, ait, ayons, ayez, aient.
être: sois, sois, soit, soyons, soyez, soient.
faire: fasse, fasses, fasse, fassions, fassiez, fassent.
pouvoir: puisse, puisses, puisse, puissions, puissiez, puissent.
savoir: sache, saches, sache, sachions, sachiez, sachent.

Verbes à double racine (première et deuxième personnes au pluriel identiques à celles de l'indicatif imparfait):
aller: aille, ailles, aille, allions, alliez, aillent.
appeler: appelle, appelles, appelle, appelions, appeliez, appellent.
boire: boive, boives, boive, buvions, buviez, boivent.
croire: croie, croies, croie, croyions, croyiez, croient.
devoir: doive, doives, doive, devions, deviez, doivent.
envoyer: envoie, envoies, envoie, envoyions, envoyiez, envoient.
jeter: jette, jettes, jette, jetions, jetiez, jettent.
prendre: prenne, prennes, prenne, prenions, preniez, prennent.
recevoir: reçoive, reçoives, reçoive, recevions, receviez, reçoivent.
tenir: tienne, tiennes, tienne, tenions, teniez, tiennent. (**venir** aussi)
valoir: vaille, vailles, vaille, valions, valiez, vaillent.
voir: voie, voies, voie, voyions, voyiez, voient.
vouloir: veuille, veuilles, veuille, voulions, vouliez, veuillent.

(b) *Le subjonctif parfait:*
Le subjonctif présent de l'auxiliaire suivi du participe passé:
Pourvu qu'il **ait compris** la question.

A moins qu'elle ne **soit** déjà **arrivée.**
Je ne crois pas qu'ils **se soient** encore **levés.**
(c) *Le subjonctif imparfait* (langue écrite):
Enlevez la terminaison «s» de la deuxième personne au singulier du passé simple: tu regarda|s / tu fini|s / tu reçu|s.
Ajoutez les terminaisons suivantes:

il faudrait que . . .	je reçu	***sse***
il faudrait que . . .	tu reçu	***sses***
il faudrait qu' . . .	il reç***û***	***t*** / elle reç***û t***
il faudrait que . . .	nous reçu	***ssions***
il faudrait que . . .	vous reçu	***ssiez***
il faudrait qu' . . .	ils reçu	***ssent*** / elles reçu ***ssent***

N.B. La plupart de ces formes du subjonctif imparfait sont tombées en désuétude (sauf la troisième personne au singulier qu'on trouve assez souvent dans le français écrit). En général on devrait employer le subjonctif imparfait après un verbe principal au passé simple, à l'imparfait ou au conditionnel, mais de nos jours les Français tendent à employer le subjonctif présent après les verbes au passé aussi bien dans les dialogues que dans les récits.

(d) *Le subjonctif plus-que-parfait* (langue écrite):
Le subjonctif imparfait de l'auxiliaire suivi du participe passé:
quoiqu'elle **fût** déjà **partie**
avant qu'il **eût sonné** à la porte
bien qu'ils **se fussent dépêchés**

(25) ***Les emplois du subjonctif:***

(a) *Il exprime l'ordre ou la défense à la troisième personne:*
Qu'il dise la vérité cette fois! (Let him tell the truth this time!)
Qu'elle ne remette jamais les pieds chez moi! (Don't ever let her set foot in my house again!)

(b) *Il traduit le souhait:*
«Notre Père qui es aux cieux!
Que ton nom soit sanctifié; que ton règne vienne; que ta volonté soit faite sur la terre comme au ciel.»

(c) *On l'emploie après certains verbes qui expriment le désir, la surprise, le regret et d'autres réactions affectives:*

vouloir que . . .	(to want . . .)
souhaiter que . . .	(to wish . . .)
préférer que . . .	(to prefer . . .)
aimer mieux que . . .	(to prefer . . .)

regretter que . . . (to regret/be sorry that . . .)
s'étonner que . . . (to be surprised that . . .)
être content que . . . (to be pleased that . . .)
comprendre que . . . (to (well) understand that . . .)
(*Au négatif aussi*)

Exemples:
Voulez-vous que je m'en aille?
Je regrette qu'il n'ait pas pu venir.
Ils s'étonnent que je sois si gai.

N.B. **avoir peur que . . . ne + subjonctif**
craindre que . . . ne + subjonctif
Elle a peur qu'il ne rejette son plan.
(She's afraid he may reject her plan.)

(d) *On l'emploie après certains verbes et certaines constructions qui expriment l'ordre, la défense, l'indignation ou la protestation:*

exiger que . . . (to demand . . .)
il est nécessaire que . . . (it is necessary that . . .)
il faut que . . . (it is necessary that . . .)
empêcher que . . . (ne) (to prevent . . .)
sans que . . . (without . . .)
il est significatif que . . . (it is important/significant that . . .)
il est légitime que . . . (it is legitimate that . . .)

Exemples:
Elles exigent que nous récrivions le discours.
Les autorités vont empêcher que cette situation (ne) se produise.
Je sais changer les chiffres sans qu'elle le sache.

(e) *On l'emploie après certaines conjonctions et constructions de temps:*

avant que . . . (ne) (before . . .)
jusqu'à ce que . . . (until . . .)
il est temps que . . . (it is (high) time that . . .)
attendre que . . . (to wait until . . .)

Exemples:
Avant qu'il (ne) fasse jour.
Je vais rester ici jusqu'à ce qu'il vienne.
Ils vont attendre que les positions soient prises.

(f) *On l'emploie après des conjonctions qui expriment la concession, la condition ou le but:*

bien que . . . (although . . .)
quoique . . . (although . . .)
pourvu que . . . (provided that . . .)
à condition que . . . (on the condition that . . .)
sous réserve que . . . (with the proviso that . . .)

pour que . . . (so that . . .)
afin que . . . (so that . . .)

Exemples:
bien qu'il prétende être le fils d'un millionnaire . . .
pourvu qu'elles sachent ce qu'elles font . . .
Je vais vous envoyer la lettre pour que vous puissiez la lire vous-même.

N.B. **à moins que . . . ne + subjonctif** (unless)
+ **de peur (crainte) que . . . ne + subjonctif** (lest/for fear that . . .)

à moins qu'il ne me reconnaisse (unless he recognises me)
de peur qu'elle ne veuille rester (lest she should want to stay)

(g) *On l'emploie après des constructions qui traduisent le doute, un manque de certitude, la possibilité ou la cause niée:*

douter que . . . (to doubt that . . .)
il semble que . . .* (it seems that . . .)
il est possible que . . . (it is possible that . . .)
il se peut que . . . (it may be that . . .)
il est impossible que . . . (it is impossible that . . .)
non que . . . (not that . . .)

****MAIS*** il me semble que (etc.) + l'indicatif

Exemples:
Je doute qu'ils puissent le faire.
Il est possible que vous ayez raison.
Non que tu chantes mal . . .

(h) *On l'emploie après «dire», «penser» et «croire» au négatif ou à l'interrogatif:*
Je ne dis pas qu'il soit incapable de le faire. (I'm not saying that . . .)
Tu penses qu'elle soit déjà sortie? (Do you think that . . .?)

(i) *On l'emploie dans une proposition gouvernée par un superlatif:*
C'est le véliplanchiste le plus adroit que j'aie jamais vu.
C'est le seul qui soit absent aujourd'hui.

(j) *On l'emploie dans une proposition relative qui est gouvernée par un sujet négatif ou indéfini:*
Elle a cherché partout mais elle n'a trouvé personne qui les connaisse.
Je cherche un homme qui n'ait pas peur du danger.

(k) *D'autres exemples importants des emplois du subjonctif:*
Où que vous vous cachiez, je vous trouverai.
(Wherever you may hide . . .)
Qui qu'elle soit, elle est vraiment ravissante.
(Whoever she may be . . .)

Quoi qu'ils en disent, je refuse de les croire.
(Whatever they may say . . .)
Si/quelque regardants **qu'**ils soient . . .
(However stingy they may be . . .)
N.B. quel que . . .
quels que soient nos différends . . .
(whatever our differences of opinion may be . . .)
quelles que soient ses opinions . . .
(whatever his/her opinions may be . . .)

(26) *La négation*

Examinez les exemples suivants, prêtant beaucoup d'attention à l'ordre des mots:

ne . . . pas : Elle n'est pas revenue à l'heure prévue. (She didn't come back . . .)
Ils n'ont pas voulu se plaindre. (They didn't want to . . .)
Nous lui avons conseillé de ne pas écrire. (. . . not to write.)

ne . . . plus : Je n'ai plus d'idée. (I haven't a clue now.)
Elle n'a plus dansé. (She didn't dance any more.)
Il nous a dit de ne plus lui désobéir. (. . . not to disobey him any more.)

ne . . . rien : Je ne veux rien faire. (I don't want to do anything.)
Il n'a rien vu. (He didn't see a thing.)
Rien ne me fait rire à présent. (Nothing makes me laugh . . .)
Il s'en alla sans rien dire. (. . . without saying a thing.)

ne . . . jamais : Jusqu'ici je n'ai jamais patiné. (. . . never skated before now.)
Elle n'a jamais voulu sortir. (. . . never wanted to go out.)

ne . . . personne : Il ne voit personne. (. . . sees no one.) /Il n'a vu personne. (. . . saw no one.)
Nous avons sonné, mais personne n'a répondu. (. . . no one answered.)
Il vaudrait mieux ne consulter personne. (. . . not to consult anyone.)

ne . . . aucun(e) : Ils n'ont reçu aucune dépêche. (. . . not a single dispatch.)
Aucun prêtre n'a pu le consoler. (Not a single priest . . .)
Il s'est faufilé dans la salle sans aucun bruit. (. . . without a single sound.)

aucunement : Leurs animaux ne sont aucunement sauvages. (. . . not in the least . . .)

nullement : Je ne suis nullement convaincu. (. . . in no way convinced.)

ne . . . que : Elle ne veut que se reposer tranquillement. (She only wants to . . .)
Vous n'aurez qu'à me le dire. (You need only tell me.)
Ils n'ont échangé que quelques banalités. (. . . only exchanged . . .)

ni . . . ni (ne) : Elle ne mange ni viande ni poisson. (. . . neither meat nor fish.)
Ni le cinéma ni le théâtre **ne** cherchent à dénigrer la télé. (Neither the cinema nor . . .)

ne . . . guère : Tu n'es guère capable de le faire. (. . . hardly capable of . . .)
A son avis, il n'y a guère **de** discipline dans la famille typique. (. . . hardly any discipline. . .)

Phrases contenant deux négatifs:
Il n'a jamais douté de personne.
Je ne veux plus rien entendre.
Il ne leur en reste plus que dix. (They've only got ten of them left now.)

(27) ***L'ordre des mots***:

(a) *Inversion après le discours direct:*
—Toutefois, a-t-il précisé, je n'envisage pas d'affrontement.
—Ce qui est inquiétant, dit-il, c'est le nombre croissant de politicards.
(b) *Inversion dans l'interrogation directe:*
Espère-t-il vraiment prouver son innocence? (Est-ce qu'il espère . . .)
La police va-t-elle se saisir de l'affaire?
M. Lebesque apprécie-t-il vraiment les conséquences de ses paroles?
Notez l'ordre des mots si le sujet est un nom: on insère celui-ci devant le verbe et le pronom sujet inversés.
(c) *Inversion après certains interrogatifs:*
Quand va-t-on commencer les travaux?

Pourquoi est-il si entêté?
Comment pourrait-elle vous convaincre?
A quelle heure les équipes se relayent-elles? (What time do the shifts change over?)
(d) *Notez l'ordre des mots après les termes suivants:*
Peut-être va-t-elle changer d'avis (OU: Peut-être qu'elle va changer d'avis).
Sans doute le juge d'instruction sera-t-il satisfait de cette déposition.
En vain avaient-ils essayé de sauver quelques vies humaines.
Aussi faut-il mieux préparer les documents. (Therefore . . .)
N.B. **Toujours est-il que** . . . (The fact remains that . . .)

(B) L'article et le nom (le substantif)

L'ARTICLE INDEFINI ET L'ARTICLE DEFINI

(28) ***L'omission de l'article indéfini quand il s'agit d'une nationalité, d'une profession ou d'une religion:***

Son filleul est Allemand. / Sa cousine est Australienne.
Mon père est technicien. / Notre fils est bibliothécaire.
Ma femme est juive. / Mes collègues sont catholiques.
MAIS: C'est un technicien. / C'est une Australienne. etc.
Il en est ainsi avec les verbes: devenir, élire, nommer, appeler, traiter de:
Il est devenu sous-officier. / On l'a élu porte-parole. / Il m'a traité de chauffard.

(29) *L'omission de l'article indéfini devant un nom en apposition (c'est-à-dire un nom placé auprès d'un autre nom)*:
Ouganda, ancien protectorat britannique . . .
Le maréchal Dumont, excellent connaisseur en armes . . .

(30) ***L'article défini est employé pour désigner les parties du corps dans certaines expressions:***

Il ferma les yeux et se boucha les oreilles.
Il est boueux jusqu'aux chevilles.
Le kidnappé avait les mains attachées par un fil de fer.
On l'emploie aussi dans certaines expressions descriptives:
le matelot aux bras tatoués (the sailor with the tattooed arms)

Elle lut les gros titres, le sourire aux lèvres. (. . . a smile on her lips)
la maison délabrée aux ardoises pourries (the dilapidated house with the rotten slates)

(31) ***Les noms géographiques: omission ou insertion de l'article défini?***

(a) *Les pays féminins* (qui se terminent par «-e»):
Je vais partir en Italie. / Je vais rester en Angleterre.
Il est déjà revenu de Belgique. / Cela vient d'Allemagne.

(b) *Les pays masculins* (on emploie l'article défini):
Elles émigrent au Canada. / Ils voyagent aux Etats-Unis.
Elle va bientôt revenir du Danemark. / Elles sont arrivées du Japon.
(Exception: **le** Mexique: il va au Mexique etc.)

(32) ***Les divers emplois de «de»:***

(a) *Il est employé après une expression négative qui exprime le manque ou l'absence:*
Nous n'avons plus **de** vin rouge.
Il n'y a pas **de** citadelle imprenable.
MAIS: Ce ne sont pas **des** Bulgares. – (Aucune idée d'absence ni de manque.)

(b) *On emploie «de» devant un substantif au pluriel précédé d'un adjectif:*
L'océan engloutit **de** nombreuses victimes.
MAIS: Les voiliers furent écrasés par **des** blocs de rocher énormes.
Notez les expressions suivantes qui sont des constructions fixes:
des jeunes gens / des petits pois / des petits enfants

(c) *Remarquez bien les constructions suivantes*:
Quelqu'un d'intéressant. / Quelque chose d'original.
Rien d'important. / Rien d'évident.
Quoi de neuf? / Personne d'ordinaire.

(d) *On emploie «de» dans les expressions de quantité:*
Il entendait **beaucoup de** voix au lointain.
Elle avait **peu de** chance.

Elles ont **tant d**'amis qu'elles ne sont jamais seules.
Ils ont **autant de** problèmes que nous.
Tu as **trop d**'intelligence pour te rendre à ses raisons.
Nous avions **assez de** force pour nous traîner jusqu'aux portes.
MAIS: C'est avec **bien de la** difficulté qu'on a déchiffré le code.
Après **bien des** disputes, ils se sont réconciliés.

(e) *On emploie «de» après «la plupart», «la majorité» et «un grand nombre»:*
Selon les statistiques, **la plupart des** adolescents quittent la maison parentale avant l'âge de vingt ans.
Un grand nombre de voyous ont complètement vandalisé le nouveau centre marchand. (*Notez que le verbe est au pluriel.)*

(33) ***Substantifs particuliers***:

(a) *Noms de genre uniquement féminin*:
la sentinelle (sentry) / la victime (victim) / la recrue (recruit) / la connaissance (acquaintance) / la personne (person)

(b) *Noms qui n'existent qu'au pluriel*:
les fiançailles (f) (engagement) / les frais (m) (expenses) / les funérailles (f) (funeral) / les moeurs (f) (customs) / les préliminaires (m) (preliminaries) / les ténèbres (f) (darkness)
N.B. les gens: les gens érudits (l'adjectif suit)
les **vieilles** gens (l'adjectif précède)
MAIS: **tous** les gens

(34) ***Les titres et les noms de famille:***

Le président Pompidou mourut en 1974.
La Reine d'Angleterre va passer les fêtes de l'An Neuf à Windsor.
Elle est allée voir si les Lefèvre étaient rentrés. (*sans «s» au pluriel*)

(C) L'adjectif

(35) ***Tableau de formes masculines et féminines de quelques adjectifs particuliers:***

Terminaison de la forme masculine	*Terminaison de la forme féminine*	*Exemples*	*Exceptions et différences*
–ain	–aine	certain, certaine	
–al	–ale	normal, normale	
–an	–ane	persan, persane	
–c	–que –che	public, publique blanc, blanche	grec – grecque sec – sèche
–eil	–eille	pareil, pareille	
–ein	–eine	serein, sereine	
–el	–elle	universel, universelle	
–er	–ère	amer, amère	
-et	–ette –ète	muet, muette complet, complète	
–eur	–euse –eure	trompeur, trompeuse majeur, majeure	pécheur – pécheresse vengeur – vengeresse
–eux	–euse	heureux, heureuse	
–f	–ve	veuf, veuve	bref – brève
–g	–gue	long, longue	
–ien	–ienne	italien, italienne	
–ier	–ière	guerrier, guerrière	
–il	–ile	civil, civile	gentil – gentille
–in	–ine	féminin, féminine	bénin – bénigne malin – maligne
–on	–onne	bon, bonne	
–ot	–ote	idiot, idiote	sot – sotte
–oux	–ouse	jaloux, jalouse	roux – rousse doux – douce
–s	–se –sse	gris, grise bas, basse	frais – fraîche tiers – tierce
–teur	–trice –teuse	destructeur, destructrice flatteur, flatteuse	enchanteur – enchanteresse

(36) ***L'adjectif peut jouer le rôle d'un substantif:***

Ils devraient tout d'abord subvenir aux besoins **des pauvres** et **des malheureux.** Ce sont, pour ainsi dire, **les défavorisés** de notre société.

L'adjectif est souvent employé tout seul pour remplacer un substantif qu'on a déjà mentionné:

Le bateau français a mieux résisté **au britannique.**
Tu aimes cette moquette? — Oui, mais je préfère **la brune.**

(37) ***L'adjectif précédé de l'adverbe «tout» (quite/altogether)***:

Remarquez les règles concernant les accords:

	Adjectif masculin	*Adjectif féminin (consonne)*	*Adjectif féminin (voyelle)*
Singulier:	tout mignon	toute mignonne	tout ahurie
Pluriel:	tout mignons	toutes mignonnes	tout ahuries

Exemples:
Le bébé était tout petit.
Elles étaient toutes désemparées.
La jeune fille était tout étonnée.

(38) ***Le comparatif et le superlatif***

(a) *Le comparatif*:
Les prix sont toujours **plus élevés** chez lui.
Elle s'est mariée avec un homme qui est **plus âgé qu'**elle de dix ans.

(b) *Le superlatif*:
La plus jolie chaumière du village. (L'adjectif précède le nom.)
L'étape **la plus périlleuse** de la descente. (L'adjectif suit le nom.)
N.B. un élève des plus doués (a most gifted pupil)
une femme des plus ravissantes (a most delightful woman)

Certains adjectifs ont un comparatif et un superlatif irréguliers:
bon ➔ meilleur ➔ le meilleur / la meilleure / les meilleur(e)s
mauvais ➔ pire ➔ le pire / la pire / les pires

Exemples:
On va retransmettre les meilleurs moments de la série.
La varicelle et la rougeole sont mauvaises mais la variole est la pire.
MAIS la plus mauvaise chambre de la maison/le plus mauvais restaurant de la ville – *là il s'agit exclusivement de la qualité matérielle.*

(c) *«D'autant plus/moins ... que»*:
C'est d'autant plus dangereux qu'il n'y a pas de filet.
(It's all the more dangerous/particularly dangerous because there isn't a safety net.)
Elle est d'autant moins enthousiaste qu'on lui a dit ce qui s'est passé la dernière fois.
(She's particularly unenthusiastic because . . .)
N.B. Cette construction peut exister sans qu'on emploie un adjectif:
Il a envie de venir, d'autant plus que ses camarades seront là.
Elles ne veulent pas sortir, d'autant moins qu'il pleut à verse.

(39) *La comparaison, l'égalité et l'inégalité*

(a) un portrait **aussi** réaliste **que** possible
(as realistic a portrait as possible.)
Son image de marque n'est pas **si** mauvaise **que** cela.
(His public image isn't as bad as that.)
simple **comme** bonjour (as easy as pie)
myope **comme** une taupe (as blind as a bat)
(**aussi ... que** – *comparaison positive* / **si ... que** – *comparaison négative* / **comme ...** – *comparaison proverbiale*)

(b) La crise devient **de plus en plus** inquiétante.
(. . . more and more unnerving.)
Je suis **de moins en moins** optimiste.
(. . . less and less optimistic.)

(c) *«Plus/moins de; plus/moins que»*:
Le voyage a duré plus/moins **de** six heures. (**quantité**)
La guerre dans ce film est plus/moins **qu**'une toile de fond. (**comparaison**)

(d) *«Davantage»*:
On l'emploie tout seul et souvent à la fin d'une phrase:
Elle est désinvolte, mais il l'est **davantage**.
(. . . he is more so.)

(e) *Notez les constructions suivantes*:
Ils ne luttent pas moins que nous **n**'avons lutté.
(They are not fighting any less than we fought.)
Elle est moins timide qu'elle **ne l**'était auparavant.
(. . . less shy than she was.)
La maison est plus près du village que je **ne le** croyais.
(. . . nearer than I thought.)

(40) ***L'accord des adjectifs dans certaines constructions***:

(a) On voit le clairon et le tambour luisant**s**.
le drapeau et l'armée **italiens** (genre mixte)
(b) Il portait une cravate **bleu clair.** (couleur qualifiée)

(D) Le pronom

LES PRONOMS PERSONNELS

(41) ***L'ordre des pronoms personnels qui sont les objets d'un verbe***:

1	2	3		4	5
me	le	lui	(+	y	en)
te	la	leur			
(se)	les				
nous					
vous					
(se)					

Colonne 1 – objets directs ou indirects.
Colonne 2 – objets directs seulement.
Colonne 3 – objets indirects seulement.
(Colonnes 4 et 5 – objets indirects.)
Exemples:
Il a tenu toutes ses promesses?—Oui, il **les** a tenu**es**.
Ils vous ont dit la vérité?—Oui, ils nous **l'**ont dit**e**.
Vous avez donné les résultats aux adjoints du maire?—Oui, nous **les** leur avons donné**s**.
Tu vas rendre la montre volée au propriétaire?—Oui, je vais **la lui** rendre.
N.B. Ce ne sont que les objets directs qui s'accordent avec le participe passé dans les temps composés des verbes qui se conjuguent avec «avoir».

(42) ***Les pronoms avec l'impératif***:

Rendez-la-moi! Donne-le-leur! Regardez-moi!
(***MAIS*** Donnez-m'en!)
Ne me la prenez pas! Ne le leur donne pas! Ne me regardez pas!

(43) ***Les divers emplois de «le»:***

(a) *Il remplace un adjectif*:
Si le procès télévisé est fictif, aucun de ses éléments ne l'est.
(b) *Il peut traduire l'idée de «so» en anglais*:
Il vous l'a dit cent fois déjà. (He's told you so 100 times before.)
Oui, je le crois. (Yes, I think so.)
Du moins, je l'espère. (At least, I hope so.)
(c) *Il renforce une idée dans une proposition subordonnée*:
Comme vous le savez, les délégués syndicaux ne sont pas venus. (As you know . . .)

MAIS: Je trouve bon de souligner.
(I consider it good to . . .)
Elle jugea prudent de s'absenter.
(She thought it wise to . . .)

(44) ***«Y» et «en»***

(a) *«Y»*:
Tu vas à l'hôpital?—Oui, j'y vais. (there)
Elle s'intéresse à la sculpture, n'est-ce pas?—Oui, elle s'y intéresse. (remplace «à» + objet)
Il a réussi à décommander la grève?—Oui, il y a réussi. (remplace «à» + inf.)
(b) *«En»*:
Tu as du tabac/des carottes?—Oui, j'en ai. (some)
Est-il sorti de la banque?—Oui, il en est sorti. (of it)
Tu veux te servir des ciseaux?—Oui, je veux m'en servir. (remplace «de» + objet)
Je n'ai pas le droit de voter?—Si, tu en as le droit. (remplace «de» + inf.)
N.B. Ce sont des dispositifs explosifs comme on **en** trouve partout en Irlande du Nord en ce moment.

(45) ***Les emplois des pronoms disjoints***:

(a) *Après une préposition:*
Quant à moi, je m'en lave les mains.
Il vit l'épave du navire devant lui.
Il s'assit près d'elle.

N.B. Certains / plusieurs / beaucoup d'entre eux
Certaines / plusieurs / beaucoup d'entre elles } ont dit que . . .
L'un d'eux / l'une d'elles a déclaré que . . .

(b) *Comme exclamatifs:*
Moi, changer d'opinion!
Lui, représenter les grévistes!

(c) *Comme emphase:*
Lui, il n'en sait rien.
Toi, tu ferais mieux d'attendre.

(d) *Pour ajouter un pronom à un autre sujet:*
Leur mère et eux, ils se sont dirigés vers le moulin.

(e) *Avec les verbes pronominaux accompagnés de «à» ou «de»:*
C'est à eux qu'elle s'adresse maintenant.
Il veut se moquer de moi?

N.B. C'est moi qui **suis** le propriétaire. C'est vous qui **avez** la clef.

(46) *Les pronoms possessifs*

	Masculin (Singulier)	*Féminin (Singulier)*	*Masculin (Pluriel)*	*Féminin (Pluriel)*
mine	le mien	la mienne	les miens	les miennes
yours	le tien	la tienne	les tiens	les tiennes
his/hers	le sien	la sienne	les siens	les siennes
ours	le nôtre	la nôtre	les nôtres	les nôtres
yours	le vôtre	la vôtre	les vôtres	les vôtres
theirs	le leur	la leur	les leurs	les leurs

Exemples:
Mon bulletin n'était pas très satisfaisant. — Le mien non plus.
Vous voulez vous servir de mes outils? — Non, nous allons apporter les nôtres.

(47) *Les pronoms relatifs*

(a) *«Qui»:*
C'est le curé **qui** a marié mes parents et mes grands-parents. **(sujet)**
C'est l'homme mystérieux **à qui** j'ai refusé de décliner mon nom. **(objet indirect)**
C'est la jeune fille **avec qui** je suis sorti il y a quelques mois. **(objet indirect)**

(b) *«Que»*:
Les cadeaux **que** j'ai enveloppés tout à l'heure ont disparu. **(objet direct)**
Un jour **que** je me promenais dans le parc... **(complément circonstanciel de temps** – One day **as** I was walking...)
MAIS le jour **où** il fut assassiné...
(c) *«Quoi»:*
Un pronom relatif neutre qui a pour antécédent **quelque chose, rien, ce** *ou toute une proposition:*
Ce à quoi je réfléchis tout le temps...
Il verrouilla la porte, après quoi il monta se coucher.
(d) *«Dont»:*
Il en est ainsi pour tous les employés **dont** le contrat n'a pas été renouvelé. (complément d'un nom)
la femme **dont** il est amoureux (complément d'un adjectif)
C'est le seul stade **dont** ce morceau de Paris dispose. (complément d'un verbe)
Nous avons vingt brigadiers **dont** quatorze sont réellement en service. (complément d'une quantité)

(48) ***Ce qui/ce que***

Ils décrivent une proposition ou une idée:
Ils ont refusé de se neutraliser, ce qui est incompréhensible.
Ce qui m'inquiète, c'est de voir le pays aller à sa ruine.
C'est ce que l'on verra au musée, n'est-ce pas?
N.B. Je ne sais pas **ce dont** il parle. – **verbe suivi de «de»**

(49) ***Lequel/laquelle***

(a) *Regardez le tableau ci-dessous:*

Masculin		*Féminin*	
Singulier	*Pluriel*	*Singulier*	*Pluriel*
lequel	lesquels	laquelle	lesquelles
auquel	auxquels	à laquelle	auxquelles
duquel	desquels	de laquelle	desquelles

Exemples:
Le procès a duré 14 mois pendant lesquels l'accusé est demeuré en prison.
C'est une question à laquelle elle est très sensible.
(Lequel/laquelle ont pour antécédent un objet et ils sont toujours précédés d'une préposition).

(b) *Ils peuvent aussi désigner des personnes après «parmi»:*
Les gens parmi lesquels je préfère vivre.
(c) *On peut les employer comme pronoms interrogatifs:*
Je voudrais bien posséder cette maison. — Laquelle?
Tu vois les enfants dans la cour? — Lesquels?

LES PRONOMS DEMONSTRATIFS

(50) *«Ce» ou «il»?*

(a) C'est lui. / C'est nous. / Ce sont eux. (précède un pronom)
C'est un timbre rare. / C'est un serpent venimeux. (précède un nom)
Il est charmant. / Elle est on ne peut plus stupide. (précède un adjectif)
(b) C'est difficile à faire. (idée / proposition antérieure)
Il est facile d'éplucher ces pommes de terre. (idée / proposition postérieure)
Il est impossible de dire s'il a raison ou non. (idée / proposition postérieure)

(51) *«Celui/celle» (etc.)*

	Formes simples		*Formes composées*	
	Masculin	*Féminin*	*Masculin*	*Féminin*
Sing.	celui de / qui	celle de / qui	celui-ci celui-là	celle-ci celle-là
Plur.	ceux de / qui	celles de / qui	ceux-ci ceux-là	celles-ci celles-là

(a) *«Celui de»(etc.):*
Ses prix sont supérieurs à **ceux de** son voisin.
(... his neighbour's ...)
Je préfère cette architecture à **celle de** ma ville natale.

(b) *«Celui qui/celui que» (etc.):*
C'était un orage terrible, semblable à **celui qui** a ravagé la côte américaine. (. . . similar to the one that . . .)
Ces diapos sont différentes de **celles que** j'ai vues avant-hier.

(c) *«Celui-ci/celui-là» (etc.):*
Dans cette production le décor nuit à l'intrigue, et **celle-ci** devient très confuse. (. . . and the latter . . .)
Ce magasin est à vendre, mais **celui-là** est à louer. (. . . but that one . . .)

(52) ***Adjectif ou pronom?***

(a) *«Autre»:*
Les gaz toxiques avaient déjà tué les **autres** passagers. (adjectif)
Nous **autres** Français ne voyons pas tout en noir. (adjectif)
(We French . . .)
Les enfants se taquinaient les uns les **autres**. (pronom)
Elles se moquaient les unes des **autres.** (pronom)

(b) *«Tel»*:
Un **tel** emplacement est exactement ce qu'il nous faut. (adjectif)
Tel est l'enjeu. (pronom)
N.B. M. un tel (Mr. So-and-so)

(c) *«Tout»:*
Tous les hommes sont égaux . . . (adjectif)
Je crois qu'elle a **tout** compris. (pronom)

(53) ***«N'importe» . . .***

N'importe qui vous le montrera. (Anyone will show it to you.)
Elle a passé la soirée à raconter **n'importe quoi.**
(. . . any (old) thing.)
Je peux emménager **n'importe où?** (I can (just) move in anywhere?)
N'importe quel grossiste les achètera à ce prix. (Any wholesaler . . .)
Quelles cartes de crédit acceptez-vous? — **N'importe laquelle.**
(Any one.)

N.B. Il n'est pas venu pour une raison **quelconque.** (invariable)
(He didn't come for some reason or other.)

(E) L'adverbe

(54) ***La formation des adverbes:***

En général on ajoute «-ment» à la forme féminine de l'adjectif:
heureux ➤ heureusement / doux ➤ doucement / rapide ➤ rapidement
Quelques exceptions importantes:

Terminaison de l'adjectif	*Exemple*	*Adverbe*	*Exceptions*
ai	vrai	vraiment	gaiement gaîment
é	séparé	séparément	
i	poli	poliment	
u	absolu	absolument	dûment assidûment
ant	courant	couramment	
ent	évident	évidemment	

(55) ***La position des adverbes dans la phrase française:***

(a) *Il n'y a pas de règles absolues, mais l'adverbe se place généralement après le verbe:*
Il lisait **distraitement** son journal.
(b) *L'adverbe peut se placer avant le sujet pour commencer la phrase:*
Assurément son mari a dit la vérité.
(c) *Très souvent il précède l'infinitif présent, le participe passé, et l'adjectif qualificatif:*
Ils vont **essentiellement** aborder des problèmes financiers.
L'âge de la criminalité s'est **terriblement** abaissée.
Il est **bien** gentil.

(56) ***Les emplois de certains adverbes, locutions adverbiales et termes spéciaux:***

(a) *«Au moins / du moins»* (at least):
Le capitaine a perdu **au moins** la moitié de son équipage pendant la tempête. (*quantité*)
Le Conseil Oecuménique est, ou **du moins** s'efforce d'être, juste envers tous les secteurs de l'église chrétienne. (. . . at any rate . . .)

(b) *«Avant / auparavant»* (before):
Avant il était plus malléable.
Son engagement politique était moins extrême **auparavant.** *(plus littéraire)*
(c) *«Comme»:*
Comme il refuse de se rendre à nos raisons, nous devons partir.
(. . . as / since . . .)
Il a fait cela **comme pour** prouver son innocence. (. . . as if to . . .)
Tout s'est déroulé **comme par** magie. (. . . as if by . . .)
(d) *«Dessous/dessus»:*
Là-dessus, il s'enfuit. (Thereupon . . .)
Regardez **ci-dessous / ci-dessus.** (. . . below / above.)
L'accident mit la salle de classe **sens dessus dessous**.
(. . . turned . . . upside down.)
Ils se dirigeaient vers la gare **bras dessus bras dessous.** (. . . arm-in-arm.)
(e) *«Jusque»:*
Il faut aller **jusqu'à** la basse-cour. (. . . up to/as far as . . .)
Jusqu'ici on a pu se reposer un peu. (Up until now . . .)
Jusqu'alors / jusque-là il n'y avait pas pensé. (Up until then . . .)
(f) *«Même»:*
Lisez la lettre **vous-même.** (. . . yourself.)
Il me téléphone **même** à cette heure de la nuit. (. . . even . . .)
le jour **même** de son arrivée (the very day . . .)
C'est la **même** chambre que l'année dernière.
(. . . the same room . . .)
(g) *«Tantôt . . . tantôt»:*
Il sort **tantôt** avec sa famille **tantôt** avec ses amis. (. . . sometimes . . . sometimes . . .)
(h) *«Tard/en retard»:*
Il est trop **tard** pour lire. (It is too late to read.)
La voici **en retard** comme toujours. (Here she is, late again.)

(F) La préposition

(57) ***Les emplois de certaines prépositions:***
(a) *«à»:*
une tasse à café (a coffee cup)
à mon avis (in my opinion)
à mon arrivée (on my arrival)
au secours! au voleur! au feu! (help! stop thief! fire!)

à la lumière de (in the light of)
à en croire cet homme (if we are to believe this man)
à ce qu'il dit (according to him)

(b) *«De»:*
une tasse de café (a cup of coffee)
le train de midi/de Paris (the midday/Paris train)
de nos jours (nowadays)
d'une voix douce (in a soft voice)
du côté du marécage (in the direction of the marshland)
de cette façon/manière (in this/that way)
jamais de ma vie! (never in my life!)

(c) *«En»:*
en raison de (due to)
en l'an 2000 (in the year 2000)
en l'honneur de (in honour of)
en l'absence de (in the absence of)
je lui parlerai en frère (I'll talk to him as a brother)

(d) *«Depuis/pendant/pour»:*
Il criait depuis des heures entières. (He had been shouting for hours on end.) *temps progressif*
Il a fait sentinelle pendant toute la nuit. (He kept watch for the whole night.) *temps passé défini*
Je vais rester en Bretagne pour une quinzaine. (I'm going to stay in Brittany for a fortnight.) *temps futur/projeté*

(e) *«Par»:*
par nécessité (out of necessity)
par conséquent (consequently) (*en conséquence* aussi)
par un temps pluvieux (in rainy weather)
par ici/là (this way/that way)
par un paradoxe (paradoxically)

(f) *«Sous»:*
sous le règne de Louis XVI (in the reign of Louis XVI)
sous couleur de (under the pretence of)
sortir sous la pluie/la neige (to go out in the rain/snow)
sous la menace de (under the threat of)

(g) *«Sur»:*
sur un signe de (at a sign from)
Je le jure sur ma tête, (I swear it on my honour. *lit.* head)
cinq sur dix (five out of ten)

(G) Nombres et quantités

(58) ***Regardez les nombres ci-dessous:***

80 quatre-vingts
81 quatre-vingt-un
99 quatre-vingt-dix-neuf
100 cent
101 cent un
200 deux cents
220 deux cent vingt

1 000 mille
10 000 dix mille
1 000 000 un million (de)

(59) ***Les nombres approximatifs:***

une dizaine d'élèves (about ten pupils)
une vingtaine de livres (about twenty books)
une cinquantaine de manifestants (about fifty demonstrators)
une centaine de chars (about a hundred tanks)
un millier de fantassins (about a thousand infantrymen)
N.B. des centaines de . . . (hundreds of . . .)
des milliers de . . . (thousands of . . .)

(60) ***Les fractions:***

la moitié du peloton (half the platoon)
un tiers de ses voteurs (a third of his / her voters)
les deux tiers du monde (two thirds of the world)
un quart de siècle (a quarter of a century)
(un cinquième, un sixième, etc. – deux cinquièmes, cinq huitièmes, etc.)

Bibliographie

Concise recommended reading list

(a) *Reference works for 'civilisation' and topical French studies*
Apart from reading newspapers and magazines (*L'Express* and *Le Figaro* magazines in particular) the following texts are extremely informative and highly accessible to students of French:

(1) *Les Elections en France* (Collection En Savoir Plus) – a comprehensive study of the French political constitution, administrative structure, political parties and electoral system.
(2) The *Profil Dossier* series has produced the following titles, all of useful content both in terms of language and ideas:
Les Françaises aujourd'hui (relevant to *le féminisme*);
La famille en question (relevant to *le conflit des générations*);
Les loisirs (relevant to *la télévision*);
Les syndicats and *Le chômage* (relevant to *le syndicalisme*).
(3) *Institutions politiques et administratives de la France* (L. François), a comprehensive study in Hachette's *Faire le Point* series of modern French institutions.
(4) Also recommended are the pamphlets from the *Service de Presse et d'Information* of the French Embassy.

(b) *Reference works for language*
(1) *Grammaire pratique du français d'aujourd'hui* (G. Mauger), the excellent eighth edition of this summary of French grammar from Hachette.
(2) *Le Petit Robert* or *Le Micro-Robert* (the latter now in a two-volume paperback form)

(c) *Tapes*
Highly recommended are the excellent programmes produced by the B.B.C. in the series *Voix de France* and *Horizons de France.*

(N.B. the majority of the texts listed above and subscriptions to periodicals such as *L'Express* and *Le Figaro Magazine* can be ordered from European Schoolbooks Limited, Croft Street, Cheltenham, Gloucestershire GL53 0HX)